JN213832

対話を深め・問う力が育つ

質問力
アクティビティ40

友永達也 著

東洋館出版社

はじめに

　生成AIの登場に伴い、問いに対する答えを素早く、そして大量に確保する術が一般に流通するようになった。では肝心の問いについてはどうだろうか。いかに答えを獲得するテクノロジーが発達しようとも、問いを生み出す力がなければ無用の長物である。問いがなければ、答えは生まれないからである。この問いを生み出す力は、どうすれば育つのだろうか。あるいはあなたの教室は、子どもの問う力を育てることができているだろうか。そもそも、学校教育は子どもたちの問う力にどれだけの注意を払っているのだろうか。

　本書はコミュニケーションの大切さを子どもたちに伝えたい、全ての教師、研究者、保護者に向けて書かれている。この本を読むことで、コミュニケーションにおける問うことの重要性を再確認するとともに、問うことの指導の在り方を理解できるだろう。コミュニケーションに関する指導は、国語科の話すこと・聞くことの指導を超えて、学校教育全体に求められることである。だからこそ、どのようなコミュニケーションをよしとするのか、どうすれば適切なコミュニケーションを学ばせることができるのかは、教育にかかわる様々な人の関心ごとであるべきだ。そのような問題意識に導かれて書かれた本書は、豊かなコミュニケーションにおいて重要な意味をもつ、問うという行為に光を当てている。

　筆者は国語科の話すこと・聞くことの教育に強い関心をもち、中でも問うことの指導に10年以上の歳月をかけて取り組んできた。それは、コミュニケーションの中で適切に問いを相手に投げかけられる力をもった学習者こそが、これからの社会を切り拓いていく人物だという信念があったからだ。そのような力を身に付けさせられるような教育者になりたいという思いを強く持ち続けてきた。

　そして本書は博報堂教育財団の助成を受け、2021年から実施してきた研究成果を整理しまとめたものである。この研究の中で筆者は「そもそもどのような問いが存在するのか」「子どもたちはどのように問いを駆使しているのか」「どのように問うことを教えればよいのか」などという問いの解決に取り組んできた。これらの問いを解決していくことは、問うことの指導理論を構築していく上で非常に重要であった。

　本書で一番に伝えたいことは、問うという行為のすばらしさである。問うこ

とで相手と人間関係を築くことができる。問うことで友達と一つの答えにたどり着くことができる。問うことで自分の考えを広げ、深めることができる。本書を読まれた方にはぜひ、あらためて問うことの意義について考え、目の前の子どもたちへの指導の参考にしていただきたい。そのための具体的な理論と方法が本書では整理されている。

　本書は3部構成である。第1章では、そもそもなぜ問うことの指導が必要なのかについて、筆者が実際に行った調査の結果などを踏まえ論じている。あわせて「よい問いとは」という難解な問いの解決にも取り組んでいる。その過程で問いの分析的な枠組みである「質問分類表」についても紹介している。さらには問いの分析的枠組みを明確にすることで、コミュニケーションの場に応じて質問を駆使しながら、目的を達成していくというような、問う力の定義づけを試みた。第1章を読むことで、問うことの指導を取り巻く社会からの要請や窮状、コミュニケーションにおける問いの全体像を理解することができる。それはさしずめ問うことの指導における「地図」を手に入れるということである。第2章では、問うことの指導を具体的に進めていくためのアプローチについて紹介している。問うことの指導を支えるカリキュラムや、問うという行為に欠かせない「戦略的判断」という考え方を理解していただきたい。第2章では問うことの指導における方向を見失わないための「コンパス」を手にしていただけるだろう。第3章では、問うことの具体的な指導アイデアや、実際の授業、環境構成の方法を紹介している。つまり実際に問うことの指導という「冒険」に出ていただくということだ。
　本書はどの章からお読みいただいてもよい。地図を先に手にするか、コンパスをまずは携えるか、あるいはとにかく子どもたちへの指導という冒険に繰り出してみるのか、それは読者の判断に委ねられている。問うことの指導という探究の楽しみ方は、人それぞれでよいのだから。読者には、ぜひ子どもたちと共に、問うという行為の効果を実感する探究を楽しんでいただきたい。本書がその一助になるのであれば、筆者としてこれ以上の喜びはない。

2025年3月11日

神戸大学附属小学校　友永　達也

第 **1** 章

理論編

なぜ「質問力」が
必要なのか
問う力を問う前に

① 今こそ求められる「問う力」

◆ **学習場面でどのように質問力は発揮されるのか**

　教育現場において、子どもたちに問う力、あるいは質問力が身に付くとどんなよいことがあるのだろうか。この本を手に取っていただいた読者の方は、きっとその問いへの答えを様々にもち合わせているだろう。よい人間関係をつくれる、話が弾む、相手の言いたいことを引き出せる、わからないことを知ることができるなど、これらはすべて問うことによってもたらされるメリットである。

　例えば次のような国語の学習を思い浮かべていただきたい。物語「ごんぎつね」の最終場面、ごんは兵十に撃たれてしまい、ぐったりと目をつぶったままうなずくシーンである。このときのごんの気持ちを考えさせるという授業は、たくさんの読者にとっておなじみだろう。新美南吉と「赤い鳥」編集者である鈴木三重吉が、あえてこのときのごんの心情を伏せることで、読者の想像を掻き立てようとしたことはあまりに有名である。子どもたちがこのときのごんの気持ちについてグループで話し合うとき、問う力が育まれている子どもたちとそうでない子どもたちとでは、やり取りの中身に大きな差が出る。

グループ①　問う力が育まれていない子どもたち

> **A児**：ぼくは、ごんはかなしかったと思うな。
> **B児**：そうなんだ。わたしはうれしかったと思うよ。
> **C児**：ぼくはAさんと同じ！
> **D児**：わたしはどっちが迷うな〜。

グループ②　問う力が育まれている子どもたち

> **A児**：ぼくは、ごんはかなしかったと思うな。
> **B児**：どうしてそう思うの？
> **A児**：だってごんは兵十と仲よくなりたかったのに、死んじゃったらもう兵十とは仲よくなれないもん。
> **B児**：そうなんだ。わたしはうれしかったと思うよ。

C児：死んだら普通はかなしいよね？死んだのにうれしいなんてちょっと変じゃない？

B児：うん。だけど兵十に自分の思いを伝えることができたから、ごんは満足していると思ったんだよ。もう一人ぼっちじゃなくなるしさ。

C児：ぼくはAさんと同じ！

D児：ごんはかなしかったってこと？

C児：そう！もう仲よくなれないし、自分が死んじゃったらきっと兵十にずっと後悔させちゃうって思うだろうし。

D児：わたしはどっちか迷うな〜。

A児：ごんはかなしんでるっていう私の考えはどう思う？

D児：いいと思うよ！でもその前の場面でごんが「引き合わないな」って言っていたところが引っかかってるんだよ。

　グループ①とグループ②を比較すると、まず発話量の差が明確である。それだけ下線で示したような読みを深める言葉が、グループのやり取りの中で生み出されているということである。そのきっかけとなったのは、筆者が波線で示した質問である。質問することによって、単なる意見表明で終わることなく、互いの論拠を確かめたり、相手の意見の矛盾を指摘したりするような発話が形成される。問うからこそ、その問いへの答えも自然と生み出されるのである。話し合いの中に問うことを取り入れることで、どんどんと雪だるま式に話の内容が膨れ上がっていく。グループ①の子どもたちは、グループで話し合う時間をきっと持て余すだろう。気まずい沈黙が流れたり、関係のないおしゃべりが始まったりするかもしれない。一方でグループ②の子どもたちは、白熱の議論を展開するだろう。「まだ話したいことがたくさんある！」と教師に時間の延長を申し出たり、教科書に何度も戻って本文を確認したりするかもしれない。自分たちの意見をクラスのみんなとも話し合いたいと、グループでの話合いの熱量をそのままに、クラス全体での話し合いにぶつけることもあるだろう。

　読者の先生方も、日々の授業の中で話し合いが深まった場面をよく思い返してみてほしい。実はそこに子どもが発した問いが大きくかかわっているということはないだろうか。問うことで、互いの考えが刺激され、コミュニケーショ

ンにおける相互作用が促進されていくのである。子どもたちが問う力を身につけることで、教師が主導しなくとも、このような相互作用を子どもたち自身で引き起こすことができる。

② 「問う」指導の現状

第1節では、問うことの重要性を論じてきた。これからの社会を生き抜くために、あるいは豊かな社会のつくり手となっていくために、子どもたちの質問力を高めることは必須である。このことに疑いの余地はないだろう。それでは、そのような問う力は現在、どのように指導されているのだろうか。あるいはどのように指導されてきたのだろうか。本節では、問うことの指導のこれまでと現在地を分析する。

1．学習指導要領にみる問う指導

教育現場の学習内容を決定づけるのは学習指導要領である。そこで現行の学習指導要領に、問うことの指導がどのように位置づけられているのかを確認する。学習指導要領においては、国語科における話すこと・聞くことの領域の中で、問うことに関する記述を見つけることができる。以下、学習指導要領の文言を抜粋して整理する（下線は筆者）。**表1** は小学校における構造と内容の把握、精査・解釈、考えの形成、共有（聞くこと）の系統であり、**表2** は中学校における構造と内容の把握、精査・解釈、考えの形成、共有（聞くこと）の系統である。

表1　小学校における聞くことの指導事項

第1学年及び第2学年	第3学年及び第4学年	第5学年及び第6学年
話し手が知らせたいことや自分が聞きたいことを落とさないように集中して聞き、話の内容を捉えて感想をもつこと。	必要なことを記録したり質問したりしながら聞き、話し手が伝えたいことや自分が聞きたいことの中心を捉え、自分の考えをもつこと。	話し手の目的や自分が聞こうとする意図に応じて、話の内容を捉え、話し手の考えと比較しながら、自分の考えをまとめること。

表②　中学校における聞くことの指導事項

第1学年	第2学年	第3学年
必要に応じて記録したり質問したりしながら話の内容を捉え、共通点や相違点などを踏まえて、自分の考えをまとめること。	論理の展開などに注意して聞き、話し手の考えと比較しながら、自分の考えをまとめること。	話の展開を予測しながら聞き、聞き取った内容や表現の仕方を評価して、自分の考えを広げたり深めたりすること。

　第3学年及び第4学年になると、問うことに関する具体的な指導が開始される。例えば何を問うのかという点については、「必要なことを記録したり質問したりしながら聞くとは、目的に応じて必要な内容を記録したり、聞いた事柄を基に分からない点や確かめたい点を質問したりすることである。」（p.97）という記述が、『小学校学習指導要領（平成29年告示）解説　国語編』（以下、「解説」とする）にみられる。さらに「また、記録したことや質問したことが十分なものだったかどうかは、聞いたことを基に自分の考えをまとめたり、それを表現したりする際に確認することができる。」（p.98）ともあり、自らの問うという行為を振り返る指導についても求められている。

　一方、『中学校学習指導要領（平成29年告示）解説　国語編』では、第1学年において次のような質問に関する指導の重要事項が説明されている。

　　　必要に応じて記録したり質問したりしながら話の内容を捉えるとは、<u>何のためにどのような状況で話を聞いているのかを意識した</u>上で、話の内容を正確に理解するために、必要に応じて重要な情報を書き留めたり、<u>分からないことや知りたいこと、確かめたいことなどを話し手に尋ねたりすることである。</u>（中略）また、話し手に質問する際には、<u>その場の状況に応じて話の途中で質問したり、話が終わった時点で質問したりするなど、質問の適切な機会を捉える</u>とともに、<u>話し手が伝えたいことを確かめたり、足りない情報を聞き出したりするなど、知りたい情報に合わせて効果的に質問する</u>ことが重要である。（p.57、下線は筆者）

　この解説の記述からは、問うことを中学校で指導するうえで押さえておくべ

きポイントを3点抽出することができる。1点目は、小学校での聞くことに関する既習事項を土台としながら学びを展開していくことである。具体的には、第5学年及び第6学年で学んだやり取りの場を俯瞰して聞くこと、そのうえでわからないことや知りたいこと、確かめたいことを尋ねることである。これらは小学校で学習者が学んでいることであり、その意味において問うことの基本姿勢と言い換えてもよい。2点目は質問の適切な機会を考えるということである。それは話の途中であったり、終わった時点であったりするが、いずれにしても刻一刻と変化する話の状況を捉えたうえで適切な機会を見定め質問することが重要である。3点目は効果的な質問を考えるということである。場面に応じて、知りたい情報を得るためにはどのように問えばよいのかを考えながら質問することが求められている。以上の3点は、義務教育段階の中学校において習得が目指される問うことの重要なポイントである。

一方、小学校の前の段階である幼稚園に目を向けてみる。『幼稚園教育要領解説』では次のような記述がみられる。

> さらに、初めて集団生活を体験する幼児にとっては、使い方が分からない遊具や、どう行動したらよいのか分からない場面などに出会うこともある。その場合には、自分が分からないことや知りたいことなどを教師や友達に伝え、教えてもらうことが必要になる。このようにして、<u>幼児は幼稚園での集団生活を通して、自分の分からないことや知りたいことなどを、相手に分かる言葉で表現し、伝えることが必要であることを理解していくのである。</u>（p.207、下線は筆者）

下線で示したように、幼児は集団生活を通して必要感にせまられながら問うことの大切さを認識していくのである。このような経験の積み重ねが基盤となり、小学校第1学年及び第2学年での問うことを活用した話し合いへとつながっていくと考えられる。

このように問うことの教育を学習指導要領に沿って確認していくと、幼児期から小学校を経て義務教育終了段階である中学校教育までグラデーションのように連続する問うことの指導の全体像が見えるのである。

２．先行研究から見る問う指導

　問うことの指導は、実践理論として古くから注目されてきた。具体的な実践も数多く存在するが、紙幅の都合もあり、本書では 2 名の先行研究（高橋俊三・村松賢一）に焦点を当てて、現代の問うことの指導を検討するうえで重要な情報を整理する。

● 高橋俊三

　『音声言語指導大事典』（1999）の編者である高橋俊三は問うことについて、「訊く」という用語で規定し、「聞く」行為の深まりと関連付けながらそれぞれの機能を整理している。高橋（1994）によれば、「聞く」とは自然に聞こえてくる音を聞く受動的な状況であり、英語の"hear"が相当する。そこからさらに聞き手の能動的で積極的な言語行為である「聴く」へと深まり、これは鋭い批判的思考と盛んな創造的思考がはたらく"listen"に相当する。そしてついには話し手ではなく聞き手が主導していく出発ともなる行動である「訊く」となる。「訊く」とは尋ねること、質問することであり、"ask""question"にとどまらず"interview"にまで発展する積極的な言語行為である。このように「聞く」から始まり、批判的思考と創造的思考をはたらかせる「聴く」ことの土台の上に成り立つような、他者に何らかの情報提示を求める働きかけ（訊く）であると高橋は捉える。

　高橋が出版に関わった著作物には、問うことの指導が多数収蔵されている。例えば高橋編（2000）において、神部秀一による「質問を考える 問う力を鍛えよう」という実践が紹介されている。この実践では単に問いを発することができるようになることを目指すだけでなく、質問の内容を吟味し質問の質を問題にしている。具体的には学習者に「不明な点を尋ねる質問」「確認のための質問」「反論するための質問」という分類の観点を提示し、質問の質を吟味する授業が構想されている。聞くという行為の深まりの延長線上で、訊くことの内実に踏み入った実践と言えよう。

● 村松賢一

　村松賢一は、「ことばを介して他者と関わっていこうとする意欲」「他者の、ことばにならないことばまでを聞き取り共感できる心」「考えの異なる相手と粘り強く対話を重ね合意を形成する能力」（村松、2001、p.2）が社会から要請

されている状況を踏まえて、対話能力の本質を明らかにしつつ、コミュニケーションの相互作用モデルにもとづいた対話能力を育むための具体的な学習を提案している。村松による音声言語教育論で重要なのは対話能力を総合的に捉える上で氏が指摘する3つの要素、すなわち「情意的要素」「技能的要素」「認知的要素」である。さらに村松は「技能的要素」を支える「聞く技能」「応じる技能」「話す技能」「はこぶ技能」という下位分類を構造的に論じている。問うことの指導と関連が大きいと判断できるのは「技能的要素」を支える「応じる技能」である。応じる技能について、氏は以下のように述べる。

> 対話は表面的には「話すこと」「聞くこと」の繰り返しに見えるが、それぞれに習熟しただけでは、つまり、きちんと話せて、しっかり聞けるだけでは一問一答にはなっても相互の化学変化を起こすような対話にはなりえない。対話を対話たらしめる最大のポイントは、相手のことばを受けて返すその返し方である。筆者はそれを「応じる」（リアクション）力と呼んでいる。（中略）対話のレベルになると、相手のことばに関連づけて発言するというのはなかなかむずかしいことである。関連のさせ方は、たとえば、疑問に思ったことを訊ねる、共感する、反対意見を表明するなど、文脈によってさまざまだ。（中略）この応じることばの役割はこれまでの音声言語教育の中で決して十分に理解されてきたとは言えない。（pp.47-48）

　対話を活性化させるために、問うという一つの応じる技能が重要な役割を果たすと村松は指摘する。この「応じる技能」を含めた対話能力の育成を目指して、氏は各学年に応じた様々な実践を同書で紹介している。その中でも「わかち合う喜び」を経験させることで「受容的対話能力」の育ちをねらった小学校中学年の実践では、村松の問うことに関する考えが様々な教師の実践の紹介を通して最も反映されている。自分が聞きたい細かい情報を相手から引き出せるように何回も質問をさせる「絵描きゲーム」の実践などは、子どもたちに問うことの必然性や有用性を理解させるうえでとてもわかりやすく効果的である。
　筆者は問うこと指導の理論を組み立てていく上で、当然ながらこれら二人以外にも様々な研究者や実践者の先行研究を分析してきた。その成果については、

『日本の音声言語教育における「問うこと」実践理論の展開』として整理しているので、関心のある読者の方はぜひ目を通していただきたい。問うこと指導に取り組む際、これら先人の努力を受け継ぐことが重要である。

３．現場教師が実感している問う指導

　ここまで、学習指導要領に明記されている問うことの指導内容、先人の研究者や実践者が真摯に取り組んできた問うことに関する研究の成果を見てきた。しかし一人の現場教師としては、問うことの指導はあまりにも不安定で確立されていないと感じてしまう。その理由として、問うことの指導理論が十分に確立されていないことが挙げられるのではないだろうか。だから若手の教師は教科書に掲載されている質問に関するページを扱うのみで、問うことの指導を終えてしまう場合がほとんどである。ベテランの教師の中で、問うことの重要性を実感し、自らの教室で実践する方もいるだろうが、そのほとんどは他の教師に共有されることがない。一過性のものである。教えられる子どもたちにとっては、「今年のＡ先生は質問することにこだわっているんだな」と問うことへの意識を高めても、その次の年に受けもったＢ先生は、質問することに全く意識を向けていないということも大いにあり得る。その結果、子どもたちの中にしっかりとした問う力が積み上がっていかないのである。

　若手の教師であっても、問うことの重要性を実感し、問うことの指導のゴールイメージをしっかりともち、具体的で継続的な指導ができるようになってほしい。このような願いのもと書かれた本書は、問うことの具体的な理論と実践方法を教育現場にもたらすものであると考えている。

③　「よい質問」とは？問いを分類しよう！

　ここまで問うことの重要性や、問うこと指導の現状、問うことの指導理論を組み立てていく上で重要な先行研究の分析を行ってきた。ここからはいよいよ筆者が構想した具体的な指導理論に触れていきたい。第３節では、問うことの指導における目標論、つまりどのような問いを生み出すことを目指していくのか、その先に学習者がどのような問い手となることが求められるのかというこ

とについて論じる。

1．「よい質問」などありえない！

　はじめに「よい質問とは？」という問いについて考えていきたい。そして結論から言えば見出しにあるように、「よい質問などありえない」のである。正確に言えば、「常に」よい質問などはありえないのであり、これは事実である。なぜならば、「これはよい質問だった」という評価は、その時々で変化するからである。筆者が経験した実際の事例で説明したい。

　筆者は毎年夏休みに小学生を対象にした「聞き書きプロジェクト」を実施している。聞き書きという活動については本書第3章の実践編で詳しく説明するが、筆者が実施する「聞き書きプロジェクト」では、地域の大人に対して仕事の話をインタビューするという活動を設定している。プロジェクトに参加したある子どもは「なぜその仕事を選んだのですか？」という質問を、新聞社で働くインタビュイー（語り手）に聞きあぐねていた。この質問は、お仕事の話を聞くインタビューでは定番だと思われる。しかし、その子どもは「もっと相手のことを知ってからでないとその質問は効果的でない」と判断したのである。つまり核心に迫る質問と、周辺情報を集めるための質問とを区別したうえで、周辺情報を集める質問を優先しようとしていたのである。単純に考えると、よい質問とは相手の核心に迫る質問だと思ってしまう。しかし、そのときに得られている情報によっては、相手の核心に迫る質問は「よい質問」にはなりえない可能性がある。また、相手との関係性もあるだろう。初対面の相手にいきなり核心を突くような質問をするのは得策ではない。このことは大人であれば誰しもが納得するはずだ。

　このように、常に変化し続けるコミュニケーションの状況によってよい質問も変化する。だからこそ「（常に）よい質問」など存在しないのである。

2．問いの分類表

　常に「よい質問」は存在しない。しかし、場合に応じて「よい質問」は存在し得る。そもそも私たちはどのような問いに囲まれているのだろうか。言葉の多様さを考えると、問いの種類など無数にあるように考えられる。しかし問う

ことの指導理論を組み立てていくうえで、問いを分析するための枠組みは重要である。そこで考案したのが次のページの「質問分類表」である。

　質問の分類にあたっては、トランザクティブ・ディスカッション（以下TD）の知見を援用した。TDはお互いの考えの変化を促すような「相互作用のある対話」を意味している。TDによる話し合いの分析は、知識をともに創り上げていく場面における相互作用の状況を解明する手掛かりになると注目されている。海外の先行研究において大学生の同性ペアによる道徳課題の討論の内容に対して、TDの知見をもとに分析を行った結果、ペアによって知識が協同的に創り上げられていく議論の方向性や、考えの変化などの相互作用状況を見いだせたことが報告されている。さらにその討論の中身について、互いの考えの変化を引き起こす重要な要因として、他者の考えを引き出したり単に言いあらわしたりする「正当化の要請」や「言い換え」などの表象的トランザクションではなく、互いの考えを変形させたり認知的に操作したりする「拡張」や「比較的批判」などの操作的トランザクションの発話連鎖が見いだされている。

　これらTDに関する先行研究をもとに、「質問分類表」を作成した。これは問いが生み出される際に問う側がもつ意図を分類基準としている。コミュニケーション場面において問うという行為を行う際には、どのような相手の返答を次なる発話に期待するのかという問う側の意図が自然と発生することに着想を得たのである。例えば、やり取りの中で相手の意見の根拠が今一つ不明瞭に感じることがある。その際は「相手から考えの根拠を聞き出したい」という意図が問う側に生じる。なぜそう考えるのか知りたいという状況である。その結果、相手に対して「どうしてそう考えるのか？」という問いを発することとなる。分類表は、TDの先行研究においてカテゴライズされたトランザクションの分類基準を参考に、問いを軸としたやりとりにおいてどのような発話連鎖が問う側から意図されているのかという観点で作成した。分類表では、表象的TDを導く質問を【広げる問い】、操作的TDを導く質問を【深める問い】としている。それに加え実際の話し合いを観察して筆者が見いだした「話題は○○○だよね？（確認のための問い）」「まずは賛成意見から話してみたらどう？（行動を促すための問い）」「さっきの話わからなかったからもう一回言ってくれる？（聞き返し）」というような【基本的な問い】も含むように作成している。

表③ 質問分類表

基本的な問い [おたがいの土台をそろえるために問う]

問いの種類	問いの内容	問いの具体（物語『ごんぎつね』の話し合いを例に）
確認のための問い	問いを用いて相手に事実を確認する	「ごんってつねだね？」
行動を促すための問い	問いの形で相手に行動を促す	「兵十のセリフを書き出してみよう？」
聞き返す問い	わからなかったことを聞き返す	「さっきのAさんの話ってどういうこと？」

広げる問い [おたがいの考えを広げるために問う]

問いの種類	問いの内容	問いの具体（物語『ごんぎつね』の話し合いを例に）
主張を求める問い	相手に主張を提示するよう求める	「この撃たれた時のごんの気持ちってどんな気持ちかな？」
コメントを求める問い	自らの主張に対するコメントを求める	「ぼくは最終場面でごんはうれしかったんだと思うんだけど、どうかな？」
理由を求める問い	相手の主張を支える理由や根拠を求める	「どうしてごんは兵十にわかってもらえたと言えるの？」
理解確認のための問い	提示された自らの理解に基づいて言い換え、あっているかの確認を求める	「あなたが言いたいのは、つまり、ごんは撃たれたけど兵十にわかってもらえたから うれしかったってことだよね？」

深める問い [おたがいの考えを深めるために問う]

問いの種類	問いの内容	問いの具体（物語『ごんぎつね』の話し合いを例に）
矛盾を指摘するための問い	理由や根拠を明らかにしながら主張の矛盾点に気づかせるための問い	「あなたは最終場面でごんは死んでしまって悲しかったっていうけど、死ぬこととで悲しんだったらそもそも兵十の影を踏むほど近づかないんじゃない？」
さらなる理由を求める問い	提示された主張を支える他の理由や根拠を求める	（ごんは兵十のためを思って行動してきたのに撃たれてしまったから悲しかったんだと思う）兵十のために発言する友達に対して「兵十のためを思って行動してきたのにねよ。他にもごんが悲しかったと思う根拠はある？」
考えの比較を求める問い	複数の意見に対して共通点や相違点を明確にするように求める	A：「ごんは撃たれて『悲しかった』派」と、撃たれても『うれしかった』派』の考えて「ところはあるかな？」（撃たれる前までごんが兵十のことを思って行動していたというところは同じ考えだったんじゃないかな。）

　分類表では、大カテゴリとして【基本的な問い】【広げる問い】【深める問い】を、さらに小カテゴリとして10個の質問に分けて整理している。各質問には問いの内容を示すとともに、予想される質問例も問いの具体として同時に提示することで、より読者の理解が深まるように工夫している。なお、予想される問いの具体は小学校国語科の物語指導で有名な『ごんぎつね』（新美南吉作）での話し合い場面を想定して作成している。

　さらに、先述の通りTDの先行研究では相手の概念変化を引き起こすような発話連鎖として、操作的トランザクションがより多く確認されていることから、この分類表においても【基本的な問い】→【広げる問い】→【深める問い】の順で、相手の考えの変化を引き起こす、よりレベルの高い質問であると考えている。

　教師は、子どもたちの問う力を高めるために、この質問分類表を念頭に入れたかかわりをすることが重要である。そうすることで子どもたちの問う力の発揮具合を即座に判断することができる。それだけでなく、子どもたちの問う力の現状を把握したり、さらに伸ばすための手立てを講じたりすることもできるだろう。例えば、【基本的な問い】がクラスに定着したと判断できた場合は、【広げる問い】の中の「主張を求める問い」を子どもたちに提示するといったかかわりも考えられる。そのように教師による意図的な問うことの指導を積み重ねることで、子どもたちの問う力は着実に高まっていくだろう。さらにこの質問分類表を学校全体で共有し、同じ意識で全教員が問うことの指導を継続することができたならば、大人も顔負けの質問力を身につけた子どもたちに育っていくだろう。どの教室でも、協働的な学びに向けた対話的なかかわりの中で、子どもたち同士がお互いの考えを問うことで引き出し合い、その引き出された考えが教室のいたるところで化学反応を起こしながら広がり深まりあっていく。これはもはや理想の学びの姿と言えるのではないだろうか。

3．問う力とは

　質問分類表によって、子どもたちの問いを分類すること、そして具体的な指導を考えるうえでのヒントを得ることができた。

　残された課題は、「問う力とはいったいどんな力なのか」という定義である。筆者は問う力について以下のように定義している。

> コミュニケーションの場（目的×立場×展開）に応じて3種の質問を駆使しながら、コミュニケーションにおける目的を達成していく力

　順を追って見ていきたい。まず他者とやり取りするようなコミュニケーションの場面を思い浮かべてほしい。そのようなやり取りでは、「何のために行われているのか（目的）」「お互いにどんな考えや思いをもっているのか（立場）」「今やり取りがどのように進んでいるのか（展開）」という3つの要素が常に変化している。

　例えばあなたが教師だったとしたら、4月初めの始業式で子どもたちと初めて教室で出会う場面でのやりとりを思い浮かべていただきたい。学年は2年生。そこには「初対面の子どもたちに自分という人間をわかってもらう」という目的があるかもしれない。そして「お互いにまだ名前もわかっていない白紙の状態」と

いう立場がある。さらに子どもたちの様子を見ていると「どの子も緊張した面持ちでこちらを見て、教師の言葉をかたずをのんで見守っている」という展開である。そういった場合、自分という人間について理解してもらうという目的のためにはどのような質問が効果的だろうか。「どうして名札を忘れている人が多いの？」という質問は効果的だろうか。あるいは「先生の名前を知っている人はいますか？」という質問だったらどうだろうか。ちなみに筆者であれば、右の写真のように手に持っている紙（計画的に物事を進めるのが苦手な筆者であっても、初日ぐらいは学年で打ち合わせをしたタイムスケジュールを印刷して持ち歩くのである）を筒状に丸めて望遠鏡のようにして、「先生はどこを見ているでしょう？」と問うかもしれない。そうすると自然と子どもたちの視線が教師の方に向けられる。「僕の顔を見ているのかな？」「今私と目が合った！」と、子どもたちも教師の顔を反対側から覗き込もうとするので、教師は子ども

たち一人ひとりの顔をじっくりと見ることができる。そして全員とじっくり、ゆっくり視線を合わせた後で、「元気で、やる気満々で、キラキラした顔がいーっぱい！」と子どもたちに伝えるのである。それだけで今年一年、温かい雰囲気でともに学校生活を送れそうな気がする。

　少々話がそれたが、質問をうまく使いこなしながらその場の目的を達成していく力が、問う力（質問力）なのである。だからたとえ最もレベルが高い「深める問い」をどんどんコミュニケーションの中で繰り出せたとしても、それをもって問う力が優れているとは言えない。「深める問い」の中の「矛盾を指摘する問い」を連発するようなやり取りでは、どこかの人気コメンテーターのように注目を集めるかもしれないが、相手にとっては不快極まりない。そのようなやり取りが効果的なのは、物事の真理を追究するようなコミュニケーションの場ぐらいであろう。いや、それであったとしても、やり取りをするメンバーは嫌な思いを感じて、言葉を発するのをやめてしまうかもしれない。そうなると真理を探究するやり取りはその場で停止され、その結果コミュニケーションの目的は達成されないだろう。そうなってしまうのであれば、その問い手の問う力は不十分と言わざるを得ない。

　協働的な学びに注目が集まる昨今、他者とのコミュニケーションはもはや欠かすことができない。他者とのコミュニケーションを豊かで実りあるものにしていくためには、問う力は重要な鍵である。だからこそ幼児期から小学校、中学校を経て、子どもたちに着実に問う力を育んでいくことが求められる。では、今の子どもたちの問う力の現状はどうなっているのであろうか。私たち教師は、子どもたちの今を見定め、そこを土台としながら子どもたちに問う力を培っていかなければならない。次節では、子どもたちの問う力の現状について、筆者が実施した問う力の分析調査の結果等を紹介する。

④ 「問う力」は「ほったらかし」ではのびない？

1．子どもたちはどのように問いと向き合っているのか

　日本の学生が質問をしないといった問題は以前から報告されていた。例えば無藤・久保・大嶋（1980）は、学生が質問をしない当時の現状を問題視し、質

問をするかどうかに関する要因を明らかにするため、大学生を対象に研究している。その結果、質問することのよさをわかっているかどうかや、質問をすることで周りの調和を乱してしまうと考えているかどうかといった質問を促進する5つの要因を見いだしている。また、生田・丸野（2000）は、小学校高学年児童への質問紙によって、

①授業中に質問をしないという小学生が全体の半数近くいるという実態
②質問をしない小学生は、思いつかないから質問をしない場合が多いということ
③質問行動に対する認識や、授業への取り組みや態度が質問行動に影響しているということ

以上の3点を明らかにしている。

　このように、日本の学習者たちの問う力に関しては、これまでも様々な研究がなされてきた。その中で明らかにされてきたことは、日本の学習者の問う力は残念ながら芳しくないということである。

　さらに、大規模な調査においても問う力に関する現状をうかがい知ることができる。直近では、文部科学省によって令和6年度に実施された全国大学学力学習状況調査に関する報告書で、話し合いの一部を読んで該当箇所の質問の意図を問う設問で正答率が低かったことを根拠に、話すこと・聞くこと領域において「必要に応じて質問しながら話の内容を捉えること」が課題として挙げられている（国立教育政策研究所、2024）。そのうえで話の内容を正確に理解するための質問ができるようにするために、言語活動を通して「適切な機会を捉えながら、話し手が伝えたいことを確かめたり、足りない情報を聞き出したりするなど、目的や状況に応じて質問できるように指導することが大切である。（国立教育政策研究所、2024、p.22）」と今後の学習指導の在り方が提案されている。さらに高校生を対象とした学習意識調査では、勉強に対する自己評価として、人の発表に対して質問や意見を言うことが得意と答えた高校生は35.6％であった（国立青少年教育振興機構、2017）。これは同調査を実施した米韓中と比較しても大幅に低い数値であり、国際的にみても日本の学習者の問う力が低迷していることがあらわとなった。

２．５歳児から11歳児までに問う力はどのように変化するのか

　筆者も独自に学習者の問う力の実態について調査研究を行ってきた。筆者は、幼稚園の５歳児から小学校卒業段階である11歳児を対象に、子どもたちがどの程度問いを使いこなしているのかを分析した。具体的には、５歳児には保護者の協力のもと紙芝居を読み聞かせ、その内容に対して思いつく質問を話してもらい、その内容を分析した。小学生には、道徳の学習でよく扱われるモラルジレンマ課題（道徳的な葛藤を含む物語）を提示し、ジレンマの解消に向けた話し合いの中でどのような問いが生み出されているのかを分析した。分析する際に枠組みとして使用したのが先の質問分類表である。そして年齢ごとに、どのようなレベルの質問が出されたのかを示したグラフが **図1** である。このグラフは友永（2022）で発表した内容を、本書に合わせて改変したものである。

　このグラフからは大きく３つのことがわかる。一つ目はどの年齢の子どもたちも【基本的な問い】を主に使用しているということである。二つ目は【広げる問い】がおよそ３割程度を占めているということである。三つ目は【深める問い】はどの年齢でも０％から５、６％程度しか使用されていないということである。この結果から筆者は、あくまでも本調査においてであるが５歳児から11歳児までは、自然には問う力は向上しないと結論づけた。もちろん、本書で紹介するような問うことに関する指導を行えば結果は変わるのだろうが、問うことに関する教科書を用いた一般的な指導の積み重ねでは、学習者の問う力は伸びていかないのである。特に【深める問い】に関しては、ほとんどと言ってよいほどコミュニケーションの中で使用されていなかったのである。

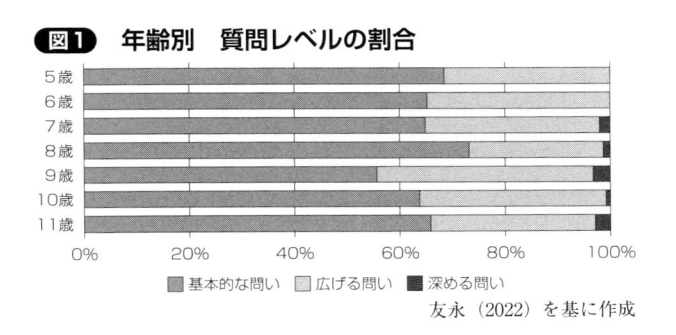

図1　年齢別　質問レベルの割合

■基本的な問い　■広げる問い　■深める問い

友永（2022）を基に作成

３．意図的な問う指導の重要性

　この調査結果は、筆者にとって非常にショッキングなものであった。本調査においては、５歳児から11歳児までの間に問う力は変化していないということであり、年齢が上がるにつれて自然と問う力が高まっていくのでないならば、学校教育での意図的な問うことの指導が求められることを意味する。もし仮に、本調査で見られたような問う力の育ちの停滞が、全国の教育現場で起こっているとするならば、早急に改善しなければいけない事態である。

　このような問題意識のもと、筆者は問うことに関する実践理論を構想してきた。教育現場に、具体的な問うこと指導の理論が根付けば、各教室での問うことに焦点を当てた実践が増え、より継続的かつ体系的に問う力の高まりを期待できると考えたのである。

　続く第２章では、筆者が考案した問う力を育む方法論を紹介する。それは「どのように指導すれば問う力が高まるのか」という問いに応えるものである。そのような方法論の不在が、現在の問うこと指導の苦しい状況を生み出しているとも考えられる。読者の先生方は、本章を読まれて問うこと指導の重要さと、それとは裏腹な問う力の現状をご理解いただけたと思う。協働的な学びという学校教育の文脈を飛び越えて、未来の社会を切り開く人材を育てていくためにも、私たち教師が問うことの指導を今こそ充実させていかなければならないのである。

第 **2** 章

解説編

「問う力」を
育む指導について

　本章からはいよいよ質問力の育て方の具体について解説する。問うことに関する内容論（なぜ問いが必要なのか、どのような問いを育てるべきかなど）が第1章ならば、第2章は「どのようにして質問力を高めるのか」という方法論に踏み込んでいく章である。質問力を高める方法論を理解することで、それぞれの教育現場での指導に系統性や一貫性が生まれることが期待できる。また、この方法論は質問力を高めるための原理原則のようなものであるため、第2章を理解することで応用的な指導にも手を伸ばすことが可能となる。ぜひ各教室で、目の前の子どもたちと、問うことに存分に向き合ってほしい。その先により よいコミュニケーションを生み出せる子どもたちの育ちが待っている。

1．「質問力」と批判的思考

　質問力を育てる上で重要になってくるのが、批判的思考である。最近よく耳にする言葉ではないだろうか。批判的思考について楠見（2016）は「証拠に基づく論理的で偏りのない思考」「自分の思考過程を意識的に吟味する、省察的で熟慮的な思考」「より良い思考を行うために目標や文脈に応じて実行される、目標指向的な思考」であると定義する。ここでまちがえてはいけないのは、誰かの発言の揚げ足取りをすることが批判的思考ではないということである。もし質問力がそのような批判を土台とする力ならば、問うということが攻撃（口撃）的なものになってしまうだろう。ここまで本書を読んでくださった読者であれば、問うことがそのような行為ではないということはおわかりいただけているはずである。問うことは豊かさの源泉である。相手の考えをもっと豊かに引き出したい、どうすれば相手からもっと考えを聞かせてもらえるだろうかという判断の上に成り立つ、他者を尊重する心に支えられた行為である。

　ちなみにこの批判的思考は、現代社会においてますます重要な力だ。なぜ

ならば現代ほど、様々な情報にさらされる時代はかつてないからである。洪水のように流れ込んでくる情報の荒波をうまく泳ぎ切るためには、批判的思考力を活用し、自分にとって本当に必要な情報、正確な情報などを判別しなければならない。フェイクニュースなどはその典型的な例であろう。人々の不安にうまくつけこむようなフェイクニュースに対して、「本当にそうか？」と批判的な態度で構えることはとても大切である。フェイクニュースが流れてくるたびに不安になり、間違った情報に踊らされてしまっては、もはや現代社会では生き残れないのではないだろうか。こんな時代だからこそ批判的思考力が重要なのである。さらに言えば、第1章で挙げたような【基本的な問い】である「確認のための問い」や、【広げる問い（表象的TDを導く質問)】である「理由を求める問い」、【深める問い（操作的TDを導く質問)】である「矛盾を指摘するための問い」などは、フェイクニュースに負けないための問う力として必要になってくるだろう。問うことで物事を正確に理解できるというわけである。

　話をもとに戻すと、質問力と批判的思考力との関係は、様々な先行研究によって明らかになっている。例えば、サントソら（2017）は、学習者の批判的思考力が高ければ高いほど、質問する力が高いことを報告している。また道田（2011）も、批判的思考力研究の中で、学生の質問する力に着目した研究を展開している。だが、これはよく考えてみれば当然のことではないだろうか。自らに届いてくる情報をうのみにしてしまえば、問う必要性も生まれてこない。「本当にそうか」と批判的に捉えようとするからこそ、問いが生まれてくるのである。鶏が先か卵が先かの議論ではないが、問うことと、批判的に物事を捉えようとすることはお互いに切っても切り離せない関係なのだと考えられる。

２．批判的思考力を育むアプローチ

　筆者も、先行研究の知見を踏まえ、学習者の質問力を高めるためには批判的思考力を育むアプローチを活用することが効果的であると考えている。批判的思考力を高めるためのアプローチについて論じている研究者として有名なのはエニスである。エニス（1989）は批判的思考力を高めるためのアプローチとして、次の4つのアプローチを提唱している **表1** 。

表1 批判的思考力を高めるためのアプローチ

ジェネラルアプローチ	批判的思考そのものに特化した特設指導
インフュージョンアプローチ	各教科の学習を通じた批判的思考の明示的な指導
イマージョンアプローチ	各教科の学習に深く没入することを通して気付きによって批判的思考を獲得することを目指す暗示的な指導
混合アプローチ	複数アプローチを統合的に実施する指導

　4つのアプローチについて、順番に見ていきたい。

● **ジェネラルアプローチ**

　これはすでにある教科の指導ではなく、批判的思考を教えることに特化した指導を特別に設定して指導するようなアプローチを指す。「探究科」「論理科」など特色ある教育活動の設定も、このアプローチと言える。

● **インフュージョンアプローチ**

　これはすでにある科目の指導を通して、批判的思考を具体的に学習者に示しながら指導するアプローチを指す。批判的思考は、様々な活動に溶け込んでいるため、教科の指導を通して指導することが可能なのである。

● **イマージョンアプローチ**

　これは教科の学習に没入することを通して、批判的思考についての学びを獲得するようなアプローチである。このアプローチでは批判的思考を具体的に学習者に指導することはせず、あくまでも気づきによる批判的思考への学びを優先させるアプローチである。

● **混合アプローチ**

　これはここまで紹介した3つのアプローチを複数実施するアプローチである。例えばジェネラルアプローチとイマージョンアプローチを混合アプローチとして実施するならば、批判的思考に特化した指導を通して得た学びを、他教科に没入することで自覚していくという学びのプロセスを実現することも可能となる。

　筆者は問う力を高めるために、この4つのアプローチを活用して指導理論を組み立てた。具体的には「ジェネラルアプローチ」「インフュージョンアプローチ」「イマージョンアプローチ」の3つのアプローチを組み合わせた混合ア

ローチとして、問う力を高めるカリキュラムを編み出したのである。なぜ混合アプローチを採用するのかと言うと、このアプローチが批判的思考力を高めるために最も効果的であったというアブラミら（2008）の先行研究にもとづいているからである。アブラミらは、様々な批判的思考教育に関する研究をさらに分析し、批判的思考力を高める上で最も効果的なのは混合アプローチであると結論付けている。

３．混合アプローチとしてのパッケージ指導で「問う力」を育む

　筆者は学校現場で実践しやすいように、混合アプローチにおけるそれぞれ３つのアプローチを各教科と関連付けることにしている。具体的には「インフュージョンアプローチ」は国語科として実施する。「イマージョンアプローチ」は道徳科として実施する。「ジェネラルアプローチ」は特別活動として実施する。

　国語科は、もともと「話すこと・聞くこと」の指導事項の中で問うことを扱っている教科である。そこで国語科を通して、問うことの指導を直接扱うことで学習者の問う力に働きかけることをねらう。

　道徳科では、問うことの指導を直接的には扱わない。しかしながら、「よりよく生きること」をテーマに掲げる道徳科では、常に問うことが求められる。「友情とは何か」「思いやりとは何か」「決まりを守るとは何か」など、これらの道徳科で扱うテーマは問うこととは切っても切り離せない関係にあると言える。言い換えるならば、道徳科においては常に、「よりよく生きるとはどういうことなのか」を問い続けているのである。そのため、道徳科で扱うその時々の道徳的テーマに対して、問うという活動を軸に交流する活動を取り入れることで、道徳的な学びを深めながら問う力も間接的に高めることができるのである。

　特別活動はもともと問うことを扱う教科ではないが、よりよい問題解決や合意形成のために問うことを織り込んでいく。例えば学級会では、議題に対するお互いの考えが広く共有されなければならない。そのうえでお互いの考えを比較し、共通点や相違点、メリットとデメリットなどを確認しつつ、最終的な結論を導いていく。このようなコミュニケーションの場においては、当然ながら

問うことが重要になってくるであろう。そこで特別活動で扱うべきよりよい学級づくりを目指した活動のなかで、問うということを組み込んでいきながら、学習者の問う力に働きかけていくことをねらいとするのである。

　このようにこれら3つの教科で問うことを意識した実践を行い、それらを1つのパッケージとして混合アプローチを組み立てた。この3つのアプローチでの教科指導が相互に影響し合いながら、右図のように学習者の問う力が総合的に高まっていくことをねらっているのである。

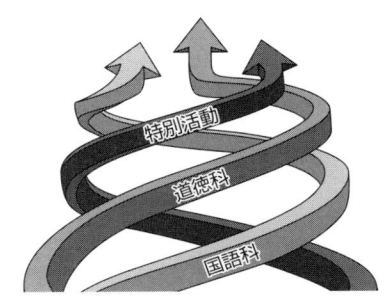

　こう考えてみると、問うことの指導は何も特別なことではないと考えられる。少し見方を変えてみると、どの教科でも行えることなのである。むしろ問うという行為自体はこれまで当たり前になされてきたため、現場の教師から意識化されず見落とされてきた可能性すらある。筆者はそのような見落とされがちな問うことの指導を、どの教室でも実施できるように指導理論を組み立てることを意識してきた。本節で紹介したように、国語科も道徳科も特別活動も、どの教室でも日々行われている教科である。そこに自然と溶け込むように問うことの指導を織り交ぜることで、年間を通して、あるいは小学校教育6年間を通して、問うことの指導を継続することを可能にしたのである。中学校や高等学校でも、この混合アプローチを軸にしたパッケージとしての問うこと指導は実現可能である。問う力の重要性を考えると、理想を言えば学校教育全体を貫いて、問うことの継続的な指導を行いたいものである。

4．小学校6年間を貫く質問力育成カリキュラム

　それでは混合アプローチを軸にしたパッケージとしての問うこと指導を、小学校6年間を貫いて実施しようとするとどのような系統的なカリキュラムが考えられるのだろうか。筆者は次のようなカリキュラムで、小学校6年間を通した問うことの指導を構想している **図1**。カリキュラムの具体的な中身については次節で詳しく説明する。

図1 小学校6年間を貫く質問力育成カリキュラムの全体像

② 学年別 質問力育成カリキュラム

1．3ターム×3ステップ×3アプローチの問うこと指導

　質問力育成カリキュラムは幼小接続期である5歳児から、小学校卒業段階である11歳児までの7年間を対象として構想している。この期間にどの教育現場でも着実に子どもたちの問う力を高めることができるようにするため、「3ターム×3ステップ×3アプローチ」の指導原則を設定している。

● 3ターム

　7年間を「幼小接続期」「中学年期」「高学年期」に分けて指導することを意味している。またこの3つのタームに対して、問うことの指導の重点としての「導入期」「成長期」「成熟期」を割り当てている。こうすることで7年間における問うこと指導の大まかな見通しをもつことができるのである。概略で言えば、「導入」とは問うことに慣れること、「成長」とは問いの量を増やすこと、「成熟」とは問いの質を高めることを指す。それぞれのタームにおいて問うことの指導において何を目指すのか、指導の重点として理解する必要がある。

● 3ステップ

　どの学年においても1学期、2学期、3学期に1パッケージずつ問うことの指導を行うということである。さらにこの3ステップにおいても、「導入期」「成長期」「成熟期」を割り当てている。つまりどの学年においても、1学期に問うことに慣れる指導を行い、そのうえで問いの量を増やす指導を2学期に実施する。そして3学期には問うことの質を高める指導を加えるといった年間の流れとなる。年間を通して3ステップで問うことへの「導入」「成長」「成熟」を促し、さらに3ステップで7年間を通して「導入期」「成長期」「成熟期」を設定することで、スパイラルに問う力を高めることが期待できるのである。

● 3アプローチ

　「ジェネラルアプローチ」「インフュージョンアプローチ」「イマージョンアプローチ」を指す。これら3つのアプローチを混合して、毎学期に1つのパッケージとして問うことを指導する。指導においては前節で述べた通り、国語科、道徳科、特別活動の教科で指導を行う。この3アプローチの指導内容については、学習者の実態に合わせて教師が柔軟に内容を変更することができる。具体

的な指導内容については第３章で豊富に実践例を示しているので、その中から
目の前の子どもたちに必要だと感じたものを選び取って実践していただきたい。

　ここで、「３ターム×３ステップ×３アプローチ」の指導原則に基づいた実
践として、１つのモデルケースを示してみよう。４年生の学年を受けもった３
学期の指導をイメージしていただきたい。

　３タームで考えると、「成長期」にあたるため、年間を通して学習者の問い
の量を増やすことに重点を置いた指導を実施する必要がある。

　そして３ステップで考えると、「成熟期」にあたる。学習者の実態に合わせ
て問いの質を高めることにも踏み込んでいかなければならない段階である。

　そのうえで３アプローチである。国語科（インフュージョンアプローチ）、
道徳科（イマージョンアプローチ）、特別活動（ジェネラルアプローチ）を通
して問うことの指導をパッケージとして考えるのである。このときには学習者
の普段の学びの様子が参考になる。これまで１学期、２学期と問うことの指導
を進めてきて、まだ十分に問うことの量が多くない場合は、本来であれば問う
ことの質に踏み込む段階であったとしても、問う量を増やすような指導を実施
していく必要がある。例えば国語科と道徳科の指導で問いの量を増やすことを
目指した指導を実施し、特別活動において問うことの質を高める指導を実施す
るのである。あるいは、既に問うことの量が十分に確保できている場合は、３
教科とも問うことの質を高める指導を実施することも考えられよう。あくまで
も目の前の学習者の実態が重要であり、その意味でカリキュラムの指導原則に
もとづきながらも、柔軟な判断も求められる。ただし、繰り返しになるがその
ような柔軟な判断を支えるために、第３章において豊富に実践例を示している
のでぜひその中から自由に指導内容を選択していただけたらと思う。もちろん
問うこと指導を自ら開発するのもよい。次はそれぞれのタームにおいて、どの
ような問うことの指導を目指すべきかについて、もう少し具体的に説明を行う。

２．幼小接続期での指導

　このカリキュラムで幼小接続期は、５歳児、小学校１年生と２年生を指す。
小学校だけでなく、入学前の５歳児も対象にしたのは、問う指導ならではの理
由がある。それは小学校入学前であっても、子どもたちは問いを発しているか

らである。「なぜなぜ期」という言葉が示す通り、小学校入学前の子どもであっても、いやむしろ入学前の子どもの方が日常的に問いを投げかけているのは周知のとおりであろう。一説には子どもは2歳から5歳までの間におよそ4万もの問いを発しているそうである。これだと単純計算で1日に27回以上問うていることになる。しかしながら、第1章で見てきたように、学習者は徐々に問わなくなる傾向がある。そこで、問いに親しんでいる5歳児ごろをカリキュラムのスタート時期とすることで、無理なく問うことの指導を開始できると考えたのである。

　幼小接続期は、問いに慣れ親しむ導入期である。問うことで周りから冷たい目で見られる、何もわかっていないと馬鹿にされるといった間違ったことを学習することがないようにしたい。問うことで自分にとってよいことがある、みんなの学びがより深まるということを認識させるのである。このような問うことへのポジティブな認識が土台となって、この後の問うことの学びの成果が人生の中で花開いていく。その意味において、幼小接続期で問うことの指導を開始していくことはとても重要である。

　問うこと指導の導入期では、何よりも問うことに対する前向きな意識をもたせることが大切である。自分は困ったときやもっと知りたいときに、質問することができる人間だという自信をもたせたい。じっくり問いを考える時間を確保し、問いに対する答えをともに探究し、問うた結果得られた成果をみんなで喜び合うことを大切にしていきたい。

3．中学年での指導

　中学年は小学校3年生、4年生を指す。学校生活にも慣れ、集団生活の中で様々なトラブルも生まれやすいこの時期。問うことを通して、問題解決を着実に図っていけるような力を身につけられるようにしたい。この時期を問うこと指導の成長期と位置づけている。問うことのよさを幼小接続期で自覚できている学習者だからこそ、この時期では問うことの量的増大を目指す。とにかくどんどん問いを発することを求めるのである。問うことのよさの1つは、問いとセットで答えを考える必要性が生じる点にある。たくさん問えば、たくさん答えなければならない。他者との目まぐるしいかかわりの中で、教科に関する学

びだけでなく、社会性や協調性など生活を豊かにする学びを力強く積み上げていくこの時期の子どもたちにとって、問いは学びを駆動するまさにエンジンとなる。中学年の子どもたちの有り余るエネルギーを、学習場面において有効に活用するためにも、問いと答えをお互いに交換し合い学びを深めていくような互恵的な関係が重要となるのである。

4．高学年での指導

　高学年は、小学校5年生、6年生を指す。この時期の子どもたちは個人差こそあれど、大人と変わらない考え方を見せ始める。人間関係も同様で、大人でもなかなか解決が難しいようなトラブルも見られる。小さなころは「とにかくみんな仲よく」で進めてきた人間関係も、「どうしてもうまくいかない人間関係もある」といったように、その場その場に応じた適切な振る舞いを割り切って考えなければいけないときもしばしばある。この時期の子どもたちには、問うことの質的拡充を求めていきたい。言うまでもなく、幼小接続期で培った問うことへの前向きな認識、中学年で確保した問うことの量の多さ、この育ちにつなげる形で高学年では問うことの質にこだわっていくのである。

　具体的には、高学年では「よりよい問い」について探究することに重点を置く。これまで述べてきたように、いつでもよい問いというのは存在しない。場面に応じて、最適解となる問いを見いだしていく力が重要なのである。そこでこの時期の子どもたちには、自分たちが生み出した問いは適切だったと言えるのか、もっとよい問いはありえたか、といった振り返りを求めていきたい。問うという行為をメタ的に捉えるということである。このような振り返りは大人であっても必要である。コミュニケーションは一瞬一瞬の判断の連続であるし、その判断の正解や不正解が大人になればなるほど取り返しのつかないことになってくる。大事な取引先との商談で言葉づかい1つ間違えただけでも、致命的な結果を招きかねない。大切な人との会話で、何気なく放った一言が相手を不快にさせることにもつながる。大人はそのような判断に責任をもちながら、その判断の結果からコミュニケーションの在り方について常に学び続けないといけないのである。高学年の子どもたちにも、このような終わりなきコミュニケーション探究の入り口に立ってもらおうと考えている。

5．中学校以上の指導について

　中学校以上の子どもたちには、高学年で取り組んだ問うことの質的拡充に継続して取り組んでもらう必要がある。そしてこの取組は中学校のみならず、社会で生活する以上、人が一生をかけて行うものでもある。教師になって15年近く経った今でも、筆者はやはり授業の中で学習者にどう問いかけるべきか悩むことがある。到達したい目標、学習者の状況、授業の展開を適切に捉え（たつもりで）、よりよい（と思われる）問いかけを考えるわけだが、残念ながら空振りに終わることも少なくない。どのような問いがあの場面では必要だったのかという反省を通して、まだ見ぬコミュニケーションの場に対する準備を進めていくのである。中学生以上の学習者にも、ぜひ自らのコミュニケーションを反省的に振り返り、よりよいコミュニケーションのための学びを積み上げてほしいと考えている。

　具体的には、中学生以上の学習者には2つの視点でコミュニケーションを捉え、そこに有効に働く問いについて考えることが必要である。2つの視点の1つは、コミュニケーションの場をマクロに捉える視点、もう1つはコミュニケーションの場をミクロに捉える視点である。コミュニケーションの場をマクロに捉えるとは、その場の目的や互いの立場、やり取りの展開を広い視野で捉えるということを指す。コミュニケーションの場をミクロに捉えるとは、一つ一つの言動や行動の裏にある意図をつかむということである。このマクロとミクロの視点を行ったり来たりしながら、コミュニケーションの場を立体的に捉えることが重要である。そのうえでそのコミュニケーションの場で適切な問いを選択し、実行していくような問う力の育ちを、中学生以上の学習者には求めていきたい。

③ 「質問力」を高める環境構成

1．学習者はなぜ問わないのか

　読者が教育現場で学生を目の前にして指導している立場であるならば、学生が学習の中で問うているかを思い出してほしい。子どもたちが積極的に問いを発し、その答えを伝え合うような教室であるならば、既にそこにいる子どもた

ちの問う力は高い可能性がある。

一方でこういう教室はないだろうか。教師の話の後でも学生からの反応は薄く、「質問はありませんか」と尋ねてみても、それに対する返答すらない教室。学習の中で学生が発言しても、それに対する他の学生からの反応がない教室。恥ずかしながら筆者も、教師として働き始めた当初はこういう状況であった。特に耐え難かったのは、道徳科の授業である。「先生、こういうことを考えたらいいんだよね？」「先生、こういう発言を求めているんだよね？」という子どもたちの心の声が聞こえてきそうなほど、予定調和で進んでしまうのである。スムーズに伝えたいことが板書に示され、授業者としてほしい反応は子どもたちから返ってはくるのだけれど、なんだか釈然としない授業であった。このような授業が生み出されてしまうのは、子どもが問うことをあきらめているからである。では、子どもたちはなぜ問わないのだろうか。

学習者が問わない理由、あるいは問わなくなった理由は大きく3つ考えられる。そしてこの3つの理由こそが、私たち教師が子どもたちの問う力を高めるために打破しなければいけないものでもある。

1つ目は、問うことによって生まれる恥ずかしさや無力感などの感情である。問うということは、「今、わたしはそのことについて情報をもっていません」ということを公に表明する行為である。この行為自体は、確かで豊かな情報を獲得するため、集団全体で考えを練り上げていくためには重要な行為であるはずである。しかし、「わかっていないことが恥ずかしいことだ」という考え方が集団に浸透してしまっていたり、周りに自分は理解していないということを知られたくないと学習者自身が殻に閉じこもっていたりする場合には、問うという行為は非常にリスキーな行為となる。そのため教師は、「わからないということはよくないことではない」というメッセージを常に子どもたちに向けて発信し続ける必要がある。

2つ目は、問うことで大人から注意を受けたり、叱られたりしたというネガティブな経験である。「同じことを何度も聞かないで！」「さっき言ったでしょう！」「わからないものはわかりません！」と、問うことで周囲から冷たい反応が返ってきた子どもたちは、次第に問う意欲を失っていく可能性がある。誤解のないように言えば筆者も、すでに説明したにもかかわらず同じことを何度

も質問する子どもには注意を与えることがある。それは聞き手として、しっかりと理解しながら聞く、注意を向けて聞くということの大切さを知ってほしいからだ。しかしそれ以上に、こちらが事前に想定していなかったことを質問してきてくれたときや、その問いを起点としたやりとりで学びが深まると思ったときには、質問を投げかけてくれた子どもを褒めたり、感謝を伝えたりするようにしている。問うことで生じるネガティブな経験より、問うことで得られるポジティブな経験の方が、その子どもの中で上回っていることが重要であると考えているからである。子どもたちとかかわる大人には、少なからずそのときの都合というものがある。子どもが問いかけてくることで、スムーズに事が運べず、やきもきする思いをおぼえることもあるだろう。しかしこれからの社会を担う子どもに、問うという重要な能力を授けるためには、いったん大人側の都合を置いておくということも大切なことなのだ。

　3つ目は、問うことが自分や集団にとってよいことであるという認識の少なさである。これは2つ目の理由で挙げた問うことのポジティブな経験と関係する。「質問したことで問題解決がうまくいった」「あのときの問いのおかげでクラスの学習が深まった」「友達に質問したら知らなかったことを教えてもらえた」というように問うたことで得られるメリットを学習者に実感させることが重要である。そのためには、教師がコミュニケーションの場で生まれる問いに注目する習慣をつけなければならない。そして問いの結果どのようなやり取りが生まれたのかを見抜き、それを子どもたちと共有したり価値づけたりすることが必要だ。私たち大人はコミュニケーションと向き合うとき、どのような結果が生まれたのかということに注目しすぎる傾向があるのではないだろうか。それはそれでもちろん重要なのだが、そのような結果を生み出すことにつながった過程にも目を凝らす必要がある。その過程の中に、光り輝く問いを見いだすこともきっと少なくないはずである。

２．環境構成の重要性

　学習者が問うためには、教師をはじめとした周囲のかかわりが重要である。それは時に保護者だったり、共に学ぶクラスメイトだったりする。しかし、忙しなく過ぎる毎日の中で問うことに意識を向け続けることは容易ではない。そ

こで効果的なのは、問う力を高めるための意図的なかかわりを、学習者の環境にそっと忍ばせておくことである。つまり問うことに意識を向けるための環境を工夫して構成するのである。

生田（2021）は、学習者の質問を促すためにはいかに環境を整えるかが重要で

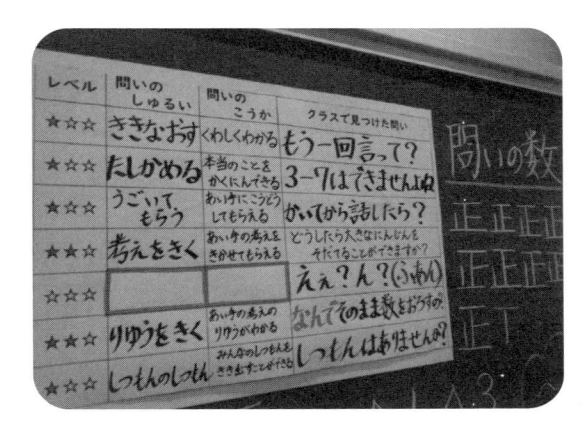

あると指摘している。学習者の問いを促す学級の雰囲気づくりや、質問力の育ちを見える化するなどの支援を日常的に行うことが、学習者の質問力の育成に大きくかかわる。

　右の写真はその支援の1つである。筆者は、子どもたちが日々の学習の中で発した具体的な問いを写真のように書き出して掲示することにしている。さらに、問いをレベル分けしてみたり、問うことで得られる効果を説明してみたりすることで、子どもたちの問うことへの関心を引き上げるようにしている。また、写真の右側には「問いの数」と書かれた正の字があるが、定期的にその日の授業の中で子どもたちから出された問いの数を記録することもしている。こうすることで、子どもたちの中には「どんどん問いを出そう」という気持ちがわいてくる。正の字を書き込むだけなのだが、それだけで子どもたちの意識がぐっと変わるのである。

　他にも子どもたちの質問力を高めるための環境構成の工夫はたくさんある。第3章に先ほど紹介した問いの掲示も含め、具体的な支援を紹介しているのでぜひ参照していただきたい。しかし何より大切なのは、教師が身近な大人の一人として、子どもたちの問う姿を見つめ、感じたことをどんどんフィードバックしていくことなのである。

3．何よりもまず教師が問いを歓迎しよう

　ここまで質問力に関する環境構成の必要性や工夫の在り方を見てきた。しか

し、学習者にとっての一番の環境は教師である。質問力育成カリキュラムに沿った着実な指導を展開し、日常的な環境を工夫してきたとしても、肝心の教師が問うことに対するネガティブな反応をしていたのでは、まったく意味をなさない。子どもたちは教師の姿を通して、問うことへのモチベーションを下げていくだろう。子どもは教師を実によく観察している。

だからこそ、教師は何よりもまず問いを歓迎する姿勢を示さなければならない。筆者は授業の中で、活動に入る前に子どもたちに質問はないか確認する時間をできるだけ取るようにしている。そして子どもたちから質問が出されたとき、まずは「質問ができるということは学習を自分事として捉えている証拠だ」と価値づけるようにしている。他人事な活動にわざわざ質問をする気など起きないと思うからである。そのうえで、すでに説明したことについて質問が来たときには、「それはもう説明したから隣の友達に質問してごらん」と促す。そうすることで説明を聞いていなかったことへの反省を促すとともに、わからないことがあれば友達に質問すれば教えてもらえるという経験をさりげなく積ませるようにしている。一方、子どもからの質問の中には、こちらが説明していなかったことへの質問もある。そういう質問が出されたときには「それは説明してなかったから質問してくれてよかった」と感謝を伝える。そうすることで、子どもたちは相手が言い足りていないことも質問を通して補えるということを学ぶのである。時にはこのようなやり取りをするために、わざと情報を不足させて説明をし、質問を募ることもある。教師が問うことに対して価値づける場をつくるために、意図的にはたらきかけるのである。いずれにしても、完璧な説明などはありえないのだから、話す側だけですべてを説明しきるのではなく、聞き手側も質問を通して補完的に聞くことを大切にしたい。

右の写真はあるゲストティーチャーの講演の後に、質問をしようと列をつくる子どもたちの姿である。これも年間を通して、問うことに対する意識を高め続けた結果の一つであろう。

④ 「質問力」を支える戦略的判断

　本節では、問う力（質問力）の定義である「コミュニケーションの場（目的×立場×展開）に応じて3種の質問を駆使しながら、コミュニケーションにおける目的を達成していく力」の中でも、質問を「駆使する」という点に注目した解説を行う。よき問い手となるには、その場その場に応じた適切な問いを選択する必要がある。その選択場面で必要になるのが「戦略的判断」である。問う力を高めるカリキュラムや環境構成に取り組むことに加え、学習者の「戦略的判断」を養うことが重要であると筆者は考える。では「戦略的判断」とは一体どのようなものなのだろうか。

1．「よき問い手」は何を考えて問うているか

　第1章の第3節で例として示したように、コミュニケーションの中でよりよく問うためには、そのコミュニケーションの場の目的や立場、やり取りの展開をうまくつかみ、目的の達成につながる問いを選択しなければならない。コミュニケーションの目的を見失った問いは、何度繰り返しても堂々巡りのやり取りが続くだけである。お互いの立場を見失った問いは、話がかみ合わず内容が積み上がっていかない。やり取りの展開を見失った問いは、「なぜこのタイミングでそれを聞くの？」と相手に驚かれてしまうだろう。「よき問い手」とは、やはりこのコミュニケーションの目的やお互いの立場、やり取りの展開を適切に捉えたうえで、目的達成につながる問いかけを実行できる人物であると言えるだろう。

　夕方の教室で、担任している4年生の子どもたちが下校するのを見送っている教師のあなた。クラスのAくんは宿題忘れがここ数日連続で続いている。今日こそは学校を出るまでに、Aくんに宿題をがんばるように言いたいと、A君の姿を探す。すると、いた。今まさにランドセルを背負って、教室を出ようとしている。よし、宿題のことについて念を押しておくか。Aくんにずんずん近づくあなた。Aくんの前までやってきて、腕まくりをして顔を覗き込む。だが、うつ向くAくんの顔に元気がない。あれ？なんだか様子が変だぞ？

　さて、ここであなただったらAくんに何と問いかけるだろうか。当初の目的

通り「宿題について念を押してＡくんの宿題忘れをストップさせる」という目的達成を目指すなら、「Ａくん、家に帰って一番初めにすることは何かな？」と宿題にすぐ取り組むことを求めるような問いかけが有効かもしれない。

　しかし、直前のＡくんの様子から「Ａくんの気持ちを探って問題があれば解決し、安心させる」という目的達成を目指すなら「Ａくん、どうしたの？」と状況を伺う問いかけが有効かもしれない。

　ここで大切なのは、この一瞬の間でもコミュニケーションの目的が移り変わってしまう可能性があるということだ。これはよく考えてみれば当然のことだが、コミュニケーションに役立つ力を考えるうえでとても重要なことである。コミュニケーションにおいて、目的も、立場も、展開も、目まぐるしく変わってしまうのである。それゆえコミュニケーションの場に参加するものはみな、常にその変化に敏感でいなくてはならない。目的達成を意識するコミュニケーションを行うならなおさらである。そのように考えると、「よき問い手」となるためには、そのような刻一刻と変化するコミュニケーションの変化を捉える力が必要となる。「このコミュニケーションでは絶対に答えを出さなくてはならない！」と当初の目的に縛られたり、「どうせ相手はこう考えているだろう」とお互いの立場に偏見のまなざしを向けたり、「自分はこんな発言を次に絶対するぞ！」と自分の言いたいことだけを優先してやり取りの流れを無視したりするようでは、適切な問いは生み出せない。流動的なコミュニケーション場面に合わせた、認識の微調整が求められるのである。

　これは言い換えるならば、コミュニケーションの場をいかにメタ認知するかということである。三宮（2018）は認知について「心理学でいうところの認知（cognition）は、見る、聞く、書く、読む、話す、記憶する、思い出す、理解する、考えるなど頭を働かせること全般」と説明したうえで、メタ認知について、「認知についての認知」「自分自身や他者の行う認知活動を意識化して、もう一段上から捉えること」と定義している。つまりコミュニケーションの場をメタ認知しながら問うためには、コミュニケーションにおける目的や立場、展

開などをもう一段上から捉えなければならないのである。「話し合いの目的は
このままでいいかな？」「相手の立場が少しずつ自分と似てきているな」「やり
とりがスピードアップしているからみんなが理解できるために一度ここまでの
話を整理しよう」といったことは、すべてコミュニケーションにおけるメタ認
知に関わることである。

２．適切な問いを生み出す戦略的判断

　筆者は適切な問いを生み出すために必要なこととして、「戦略的判断」とい
う用語を使用している。この戦略的判断はイズラエル・シェフラーという教育
哲学者が用いた"strategic judgment"（Scheffler、1965）に由来する。

　シェフラーはチェスを例に挙げて、人が
上達するということについてのメカニズム
を論じている。チェスの上達をイメージす
るとき、単にルールを知っているというの
ではないような、戦略を柔軟に利用できる
技能を獲得する段階が考えられる。この技
能をシェフラーは「批判的技能」と呼ぶ。
そしてこの批判的技能では、常に状況から

判断することを避けられない。このときに必要とされる判断が"strategic
judgment（戦略的な判断）"なのである。コミュニケーションという目的達成
を目指した行為における判断も同様に，相手の発言への対応や，自身の振る舞
い方の調整など，自動化できない戦略的な判断が常に、そして多様に含まれる
と考えられる。

　先ほどのＡくんに対する対応を考える場面も、まさしく戦略的判断の発揮と
関連している。どのような声色で語りかけようか、どのような表情で話を聞こ
うか、そしてどのように問いかけたらならばＡくんの本音が引き出せそうかな
ど、教師は戦略的判断を連続的に実行しているというわけである。

　このようなコミュニケーション場面における戦略的判断に意識を向ける一方
で、多くの読者には「そこまで考えて人とコミュニケーションをとっていない」
と思われるかもしれない。おそらくそうであろう。日々の中で、毎回のふとし

たコミュニケーションに対してもこの戦略
的判断を意識していると、スムーズに進む
やり取りも滞ってしまう。私たちはほとん
どが日本語を母語としているために、今自
分がどんな言葉を話しているのか、あるい
はどんな風に聞いているのか（こちらの方
がより意識が向きにくい）ということに注
意を払わなくてよいのである。このことに

ついてよいか、わるいかといった議論をしたいのではない。大切なことは、コ
ミュニケーションという行為には意識的にも無意識的にもこのような戦略的判
断が含まれ、円滑なやり取りを支えているということである。

　筆者はそのうえで、無意識的に行なわれている戦略的判断も一度意識的に取
り出してみて、その判断の適切さについて考えてみることが、話すこと・聞く
ことの教育を豊かにしていくためには重要であると考えている。先ほど述べた
ように、戦略的判断は無意識化されている場合が多い。それは、日々山のよう
に繰り返される戦略的判断に対して、うまくいった判断、うまくいかなかった
判断を区別しながら、人はコミュニケーション能力を形成しているからだと考
えている。何度も例に挙げているＡくんとのやり取りの事例では、「Ａくん、
家に帰って一番初めにすることは何かな？」と当初の目的を優先する戦略的判
断にもとづいた問いかけをしたことで、「先生はぼくが悲しんでいるのに気に
も留めてくれない」とＡくんを傷つけてしまったとする。そうするとそのとき
に教師は「悲しそうな顔を見せている子どもを見たときは、まずはその理由を
聞いて安心させてあげることが大切なんだな」と１つの戦略的判断を学ぶわけ
である。そして次に同じような場面と出会ったときに、Ａくんとのやり取りを
思い出して（あるいは思い出すことすらないままに）、まずは「どうしたの？」
と相手の気持ちを尊重するという戦略的判断を実行するのだ。

　このような戦略的判断の選択、実行、振り返り、修正というプロセスを通し
てまた新たな次の場面での戦略的判断が選択される。もちろんうまくいった戦
略的判断は、修正というよりはむしろ強化されるだろう。いずれにしても人は
無数のコミュニケーションを繰り返しながら、この戦略的判断の修正および強

化のプロセスもまた無数にくり返しているのである。その結果として、毎回の
戦略的判断が無意識に行なえるほどに、コミュニケーション能力を形成してい
く。しかし、この戦略的判断における修正および強化のプロセスはいつもうま
くいくとは限らない。相手の困った表情に気づけず、そのままやり取りを継続
してしまっては、戦略的判断の修正プロセスは機能しない。それどころか、相
手が真剣に聞いてくれていると誤解して、今の戦略的判断を疑うことなく、む
しろ強化してしまうかもしれない。こうなると、その人の戦略的判断はよりよ
いコミュニケーションとはどんどんかけ離れていってしまう。

　これは余談だが、日常のコミュニケーションのすれ違いはこのような戦略的
判断の間違った発揮によるものではないか。そして時折出会う「こまった人」
「むずかしい人」「話が通じない人」というのは、この戦略的判断の修正プロセ
スがうまく機能せず、間違った方向へ発達してしまっている人のことを言うの
ではないだろうか。大学を出て働き始めた新任教員が子どもたちとうまく関係
をつくれない、保護者ともめてしまうというのも少なからずこの戦略的判断が
影響していると筆者は考えている。「なぜ相手の言葉をそう捉えてしまうのか」
「どうしてあんな言い方をしてしまうのか」という状況と出会うたび、「この人
はこれまでたくさん積み重ねてきたはずのコミュニケーションを通してうまく
戦略的判断を鍛えてこられなかったのだな」と思う。だが、これは決してその
人だけの問題ではない。筆者は同時に「今の学校教育で子ども一人ひとりの戦
略的判断を鍛えるかかわりができているのか」とも思うのである。

　どのようなかかわりが子どもたちの戦略的判断を鍛えることになるのか、こ
の探究は、今筆者が最も関心をもっている点である。そして実は、この探究は
以前より注目されてきた。

　例えば第1章で紹介した村松賢一はそれを「応じる技能」と呼ぶのである。
村松（2001）は「どうしたら対話を活性化させ深める応じ方ができるか。発達
に沿って、応じることばをどう系統的に記述するか、対話教育最大の課題であ
る。」と述べる。「対話教育最大の課題」を解決するためには、この戦略的判断
に着目した指導の開発がカギを握ると筆者は考える。そのための指導の一つと
して、第3章に聞き書き（オーラルヒストリー）の実践を掲載しているのでご
確認いただきたい。

3. 戦略的判断のメカニズム

　今後開拓を目指していくべき話すこと・聞くこと教育における戦略的判断という領域を示したが、おわかりの通りこの戦略的判断は何も国語科だけがその指導を担う必要はない。むしろ日々の教育活動すべてで、子どもにかかわるすべての大人が（時には子ども同士でも）、取り組むべきなのである。子どもにかかわるすべての大人が明確に意識できるよう、本項では戦略的判断のメカニズムを整理するとともに、子どもたちによくあるトラブルの解決を通して、どのように戦略的判断を鍛えることができるかという道筋を示そうと思う。

　まずは戦略的判断のメカニズムについて **図2** で示す。

　順を追って説明をすると、まずコミュニケーション場面において、「①状況の分析」がはじまる。ここでは、今やり取りをしている相手がどんな人か（怒りっぽい人か、自分より目上の人かなど）、自分は何を伝えたいか、何がこのやり取りで求められているか（納得を取り付ける、合意を形成する、情報を共有するなど）、これまで似たような状況はあったかなどの観点に照らし合わせて状況を分析する。

　そのうえで「②行動の検討」を行う。ここではどんなことができそうか（笑顔で話しかける、はきはきと話すなど）、どうやったらできそうか（相手の目をじっと見る、言葉を一つ一つ区切るなど）、どんなときにその行動をとれば

図2　戦略艇判断のメカニズム

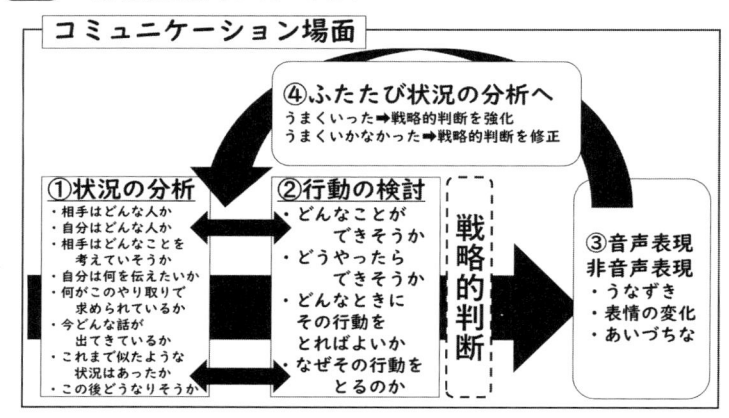

よいのか（相手があまり話を理解していないとき、相手との関係がまだ十分にできていないとき）といったことを踏まえ、コミュニケーションの場でとるべき行動を検討する。この「①状況の分析」と「②行動の検討」は一方通行ではなく、お互いに行ったり来たりする関係である。状況を分析したうえで行動を検討し、検討した行動に照らし合わせて状況を分析するといったように、何度も往復しながら最終的な戦略的判断が実行される。そしてその判断にもとづいて③の音声表現（「いい天気ですね！」と話しかける、「今の話ってちゃんと伝わってますか？」と相手の理解を確認するなど）や非音声表現（笑顔でうなずく、困った顔で首をかしげるなど）を行う。さらに表現して終わるのではなく、先ほど戦略的判断にもとづいて行った表現（音声、非音声に限らず）の結果、状況がどのように変化したのかを④で再び分析するのである。なお、このときに相手が笑顔で話してくれたり、積極的にうなずいてくれたりしているといった具合に戦略的判断がうまくいったと自己評価できた場合には、その戦略的判断は強化されることになる。似たような場面と出会ったときには、同じような戦略的判断を適用する可能性が高くなるということである。一方で相手がけげんな表情をしていたり、話を途中で遮ったりしたときには、戦略的判断がうまくいっていないという自己評価が働き、その戦略的判断は修正されることとなる。その結果、次に同じような場面に出会ったときには、この経験を踏まえてまた違った戦略的判断を模索する必要が出てくるのである。

　このような戦略的判断を軸とした一連のプロセスが、私たちの身の回りには常に起こっていると考えられる。読者には、一度自分のコミュニケーションを振り返ってもらうことに取り組んでみてほしい。実は意外と複雑なプロセスを経て、日々のコミュニケーションが行われているのである。ただ繰り返しになるが、このようなプロセスに自覚的になるのは容易ではない。スムーズさは失われ、場合によっては人とコミュニケーションをすることにストレスを感じてしまうかもしれないからである。そのような心の状態になることを防ぐために、私たちはあえて無意識のレベルで戦略的判断を行っているという可能性も考えられよう。だからこそ、学校教育において時にこの戦略的判断を取り出し、吟味するというかかわりを行うことが、子どもたちの戦略的判断を鍛えるうえでは重要なのである。戦略的判断の発達に適宜微調整を加えていくことで、大人

になってから「こまった人」「むずかしい人」「話が通じない人」にならないために。

4. 戦略的判断を意識した子どもへのかかわり方

それではどのようなかかわり方をすれば、子どもたちの戦略的判断を鍛え、時に微調整を加えることができるのだろうか。

そのかかわり方の一つとして、教師としてよく出会う「そんなつもりじゃなかった」ということが原因で起こるケンカの指導で考えてみる。2人の小学生がいて、一方の子どもがもう一方に強い口調で言葉を発してしまい、相手が泣き出すという場面である。戦略的判断を軸とした一連のプロセスにおいて、どこに問題があったのか、修正の余地があるのか子どもとの対話的なやり取りのなかで伝えることが重要である。例えば状況の分析において問題があったとき、「相手はどんな顔をしていた？」と相手の表情を観察してコミュニケーションすることを指導しなければならない。あるいは行動の検討において成長の余地があるときには、「今の言い方いやじゃなかった？と確認しながら話しかけるのもよいのではないかな」と行動の選択肢を広げるような声かけも有効であろう。表現に課題がありそうなときには、「その言い方されたら相手は傷つくと思うな」というように具体的な表現に絞って反省を促すことも考えられる。重要なことは、戦略的判断を軸としたコミュニケーションのメカニズムを頭に入れたうえで、教師が対話的に子どもの思考を引き出し言語化しながら、戦略的判断を修正（時には強化）できるようにサポートすることである。「そんなつもりじゃなかった」という子どもの言い分は、戦略的判断の修正が求められるサインだと思ってもいい。

本節では、問う力を支えている戦略的判断について説明してきた。少々難解な内容であったかもしれないが、実は私たちは大人も子どももこのような複雑なプロセスを常に行っているのである。適切な問いを生み出すためには、戦略的判断がうまく機能していなければならない。戦略的判断に支えられた問いは、相手との人間関係を豊かに構築し、磨き上げられた結論にメンバーを導く唯一無二の武器となる。

実践編

アクティビティと
環境構成

NO 1 質問カードでトーク！

ねらい **質問で情報を得る**

わたしたちはなぜ質問をするのだろうか。問うことの指導は、子どもたちに問うことの「よさ」を実感させるところから始めたい。そのために、問うことで今まで知らなかった様々な情報を得られることを、具体的な活動を通して学べるようにする。

すきな教科 苦手な教科	今一番 はまって いること	おすすめの 本

▷ **活動の流れ**

1）質問カードをあらかじめつくっておく。

2）ペアになり、お互いにカードを引きながら、引いたカードに書かれている質問に答えていく。

　子どもたちは、同じ学級で同じ友達と毎日を過ごしているため、お互いのことをすでによく知っているかのような気になっているものである。でも、話してみると普段よく話していた友達でも、意外な一面を発見することがあるだろう。質問をすることで、自分の知らない情報を知ることができ、また対象（今回は友達）との向き合い方が変わっていくのである。

　とはいえ、いきなり「質問をしてみましょう」と言っても、質問指導の導入期の子どもたちだと、何を質問してよいものか困ってしまう。それが低学年だとなおさらだろう。そこで、図のような「質問カード」を使ったやり取りを経験させるとスムーズに活動を進めることができるだろう。

Ａ児：〇〇さんは家族の中で誰が好きですか？

Ｂ児：妹です。まだ２歳なんですけど、かわいくて毎日お世話をしてます。

Ａ児：きっとかわいい妹なんだろうね。（Ｂさんって実は妹がいたんだ！）

Ｃ児：Ｄさんは毎日頑張っていることってありますか？

Ｄ児：３年生になってから毎日寝る前に日記を書いています。

Ｃ児：へぇ～！（Ｄさんは毎日日記をつけているんだ！）

Ｅ児：Ｆさんは苦手な教科はありますか？

Ｆ児：算数が苦手なんです。いつも計算に時間がかかっちゃって…

Ｅ児：なるほど～。（Ｆさんが算数が苦手なのは意外だな～）

　波線を引いたＡ児、Ｃ児、Ｅ児の心の声はそのまま、質問をすることの「よさ」ともいえる。相手への新たな気づきを得ているのだ。

　ここでのポイントは、具体的なやり取りを台本のように示さないことである。例で示したカードのように、質問内容だけを示し、実際のやり取りを通して子どもに質問するための言葉遣いを経験させる必要がある。一番左のカードを引いたとき、「すきな教科」とだけ相手に伝えるのでは不十分である。

　「すきな教科は何ですか？」

と質問の形で話しかけられるようにしたい。当たり前のようだが、きちんとした言葉（話型）をまずは伝え、質問としてやり取りの中でつかってみることは大変重要である。母語として日本語をつかっているからこそ、意識的に言葉と向き合わせるような指導が、問うことの指導にも必要なのである。これは問うことに限らず、国語科の授業全般において言えることであろう。その上で教師は、「今カードに書かれている質問を読み上げるだけでなく、ちゃんと『～ですか？』と質問の形でお話しできたね。」と価値づけることが大切である。そのような地道な積み重ねが子どもたちの質問力を高めていくのである。

NO 2 おたずね20

ねらい 質の高い質問で相手の考えにせまる

質問することのよさの一つとして、相手の考えに具体的にせまることができる、ということがある。様々な質問を通して、相手の考えていることが鮮明にわかってくるのである。そこで、いつでもどこでも取り組めるゲーム「おたずね 20」で、問うことを通して相手の考えにせまる楽しさを味わわせたい。

▷ **活動の流れ**
1) 出題者が頭の中で単語を思い浮かべる。
2) 解答者はYESかNOで答えられる様々な質問を通して、出題者が頭に思い浮かべている単語を言い当てる。
3) 質問は20回までで、言い当てられるチャンスは3回まで。

「言わなくても互いに察する」ことを美徳とする日本文化の中では見過ごされがちだが、問うことを通して相手の考えがきちんと理解できることは一つの喜びである。そもそもお互いの頭の中にあることは、具体的な言葉にしないとわからない（具体的な言葉にしてもわからないこともある）。頭の中で「きれいな海」をイメージしたとしても、その海はどんな色をしているのか、どんな音が聞こえているのか、朝日が反射しているのか、夕日が反射しているのかなど、言葉を尽くして具体化するための視点はたくさんあるのである。

そこで、問うことを通して相手の考えが具体的に分かる楽しさを味わえる「おたずね20」というゲームを紹介する。ルールは上記の通りで非常にシンプルである。

以下、具体的なやり取りで見ていこう。

　出題者：（頭の中でリンゴを思い浮かべている）

解答者Ａ：それはものですか？

　出題者：はい。

解答者Ｂ：それは値段が高いですか？

　出題者：いいえ。

解答者Ｃ：それは食べ物ですか？

　出題者：はい。

解答者Ｄ：それは苦いですか？

　出題者：いいえ。

　このようなやり取りを続けながら、出題者の頭の中にはどんな単語が思い浮かんでいるのかを解答者が言い当てるのである。注意点として、出題者はいくら答えを当てられたくないからといって、答えを聞いてもわからないような単語を思い浮かべるのはやめた方がよい。この活動のポイントは大きく二つある。一つ目は、YESかNOで答えられる質問になっているかどうかを判断させることである。どんな質問でもよいわけではない。自分の質問が、相手にとってYESかNOで答えられる質問になっているかどうか、ということを考えることが重要である。「それはどこで買えますか？」ではなく、「それはスーパーマーケットで買えますか？」と質問を頭の中で変換することが必要なのである。二つ目は、一連のやり取りの中でどのような問いがなされ、出題者からどのような答えが返ってきたのかを理解していくことで、出題者の核心に迫る問いが、おのずと子どもたちに理解されていくということである。おそらくこのページに示した「リンゴ」が答えとなる一連のやり取りでは、「それは赤いですか？」「それは丸いですか？」「それは皮をむいて食べますか？」などの問いが出され「はい」と答えが返ってきたときには、クラスの中で「してやったり」という雰囲気が起こるだろう。「万有引力と関係がありますか？」という問いは、もはや答えを確信しているといってもよい。

　このような二つのポイントは、問う力を高める上では非常に重要である。質問に慣れることを主たる目的とはしているが、楽しいゲーム形式の活動でも、質問の質の向上をはかることができる。

ＮＯ 3 質問つなぎ遊び

ねらい やりとりで得た情報を基に質問をつなぐ

質問をするうえで重要なことの一つとして、相手とのやり取りを通して質問するということが挙げられる。相手が何を話したかをよく聞いて、それにつなげるように質問をするということである。ペアやグループでのやり取りを通して、相手の話につなげる活動を紹介する。

▷ 活動の流れ
1）3から5人のグループをつくる。
2）かんたんな自己紹介を順番にする。
　　この「かんたんな」というのがポイントで、あえて短く簡潔に自己紹介をすることで、その情報から質問をつなげやすくする。
3）得た情報を基にして質問をすることをルールとする。

　つなげるように質問をするということは意外と難しい。なぜならば、ほとんどの子どもが、自分が聞きたいことを聞く、ということに慣れてしまっているからである。相手が話す内容を理解し、その中からさらに聞きたいことを瞬時に選び出し、つなげて質問をすることができるようになるためには、しっかりとした練習が必要である。

　そこで、自己紹介をしながらつなげる質問を学べるような活動に取り組む。以下は筆者が実際に1年生の子どもたちと取り組んだときのやり取りである。写真はそのときの板書の一部であり、質問がつながっていくことを示している。

筆者：わたしの名前はともながたつやです。好きなものは魚です。
　　　　よろしくおねがいします。

子ども：お魚が好きって言っていたけど、
　　　　　どんな魚がすきなの？

筆者：エビです。

子ども：じゃあいくらは好きですか？

筆者：はい。すきです。

子ども：じゃあサメは好きですか？

筆者：サメはちょっと怖いです。

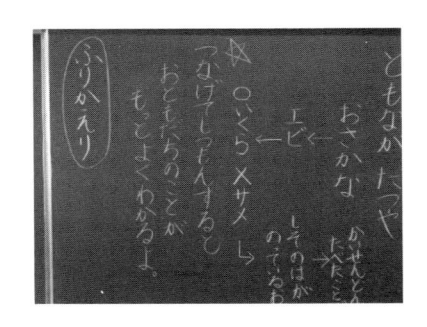

　このように、子どもたちがつなげて質問できるようになることが目標である。「じゃあいくらは好きですか？」という質問は一見、自分の聞きたいことを聞いているようにも思える。しかし、「じゃあ」という言葉は、前に話された情報を踏まえているからこそ出る言葉であると判断した。そのようなやり取りを踏まえて、黒板の左にあるように「つなげてしつもんすると おともだちのことが もっとよくわかるよ」と板書した。つなげて質問することの効果を子どもたちにさりげなく伝えるためである。このような問うことへの価値づけを、継続して子どもたちに行うことが重要である。

　ここでの指導のポイントは2つである。一つ目は、まずは教師と子どもたちとでつなげる質問を活用した自己紹介のデモンストレーションを行なうことである。つなげる質問と言うのは、言葉で説明されるとなんだか難しいものである。導入期の子どもたちにとってはなおさらである。百聞は一見に如かず。まずは教師がやって見せて、子どもたちに「あ〜。そういうことね」と納得させたい。実際に見てみると子どもたちからすれば「それだったら普段やってるよ」と思うかもしれない。二つ目は、とにかく楽しく行うということである。教師は子どもたちがつなげる質問を出したときには「なるほど〜。そうきたか〜。」と大げさにリアクションをしたい。つなげる質問が出せたことへの満足感や達成感をたっぷりと味わわせたいのである。

質問イメージマップ
パートⅠ

ねらい 質問で不足情報を引き出す

相手が言い足りていない情報を見抜き、不足している情報を質問で引き出せることを目指したい。そこで質問で得られた情報を整理して、マップにまとめる活動を紹介する。

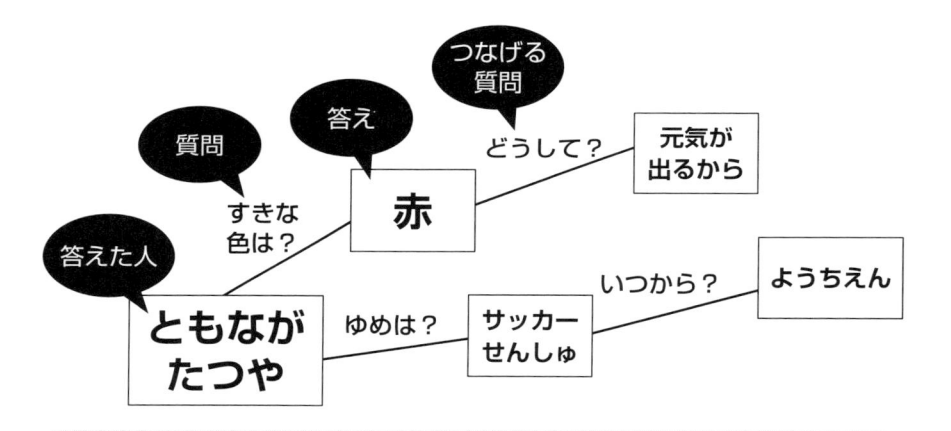

▷ **活動の流れ**
1) 白紙を用意し、中央に相手の名前を書く。
2) 例えば「すきな色は？」と相手に問いかけ、「赤」と答えが返ってきたならば、イメージマップのようにその回答をどんどん書き足していく。
3) 回答と回答をつなぐ線の近くに、どのような質問をしたのかも書き込んでおく。具体的なイメージは上図のとおりである。

　問うこと指導の導入期では、問いの力を実感できるようにすることが重要である。誰しもが、意味があると思わないことを、わざわざコミュニケーションの中で使おうとはしないだろう。この活動は、No.1およびNo.3で取り組んだ自己紹介活動と似ているが、問うこと指導としてはかなり歯ごたえがある。子どもたちもこの活動に取り組むことで、より強く問うことのよさを実感できるは

ずである。

　この活動で子どもたちに感じさせたいことは、2点である。1点目は、問うことで相手の情報をたくさん引き出せるということである。2点目は、問われることで自分がもつ情報を見つめ直すことができるということである。問うことを通して、問う方にも問われる方にも新たな気づきをもたらすのである。

　質問をしながら、どんどんその人に関する情報を引き出して、イメージマップのように整理していく。そうすることで、問いと答えが重なりながらイメージマップが広がっていく。

　この活動を行うときには、一人の回答者に対して、複数人で質問したり、マップにまとめたりするようにするのがおすすめである。そうすることで回答者の情報がどんどんスピーディーに広がっていくことに加え、「その質問ってつながってないんじゃない？」「この答えの所に線を引っ張って書き足して！」といったようなかかわりが自然と生まれやすくなる。イメージマップとして書き表していくことで、どのように問うているのか、問いがどれだけ広がっているのか、話題がどこに集中しているのかなどをメタ認知していくのだが、小学生段階ではまだまだ状況に応じて刻一刻と変化するコミュニケーションについて、メタ認知を一人で行うことは難しい。問いを投げかけている自分、問いに答えている友達、問いと答えの往還の中で広がるコミュニケーション空間、これらを複数人で役割分担することで、少しずつメタ認知していく力を育むのである。

　問う側から考えると、つながる質問の復習をしたり、問いと答えの関連に意識を向けたりできるという意味で非常に学びの多い活動となる。また問われる側にしてみても、「自分てこんな風に考えていたんだ」と自らを再発見したり、「自分のことをたくさん引き出せてもらえたな」とたくさん聞いてもらえた喜びを味わったりすることができる。即興的な質問だからこそ、解答者も準備した答えではなく、より深層心理に近い答えが引き出されるから面白い。

　教師はできあがった解答者全員分のマップを教室に掲示しておくとよいだろう。特に年度当初の学級開きの活動として、お互いのことをよく知り、仲を深めるような指導にもつながると考えられる。

NO 5 発言禁止の質問タイム

ねらい ちがう考えの相手に質問する

学習では、様々な教科で子どもたちに意見をまとめさせることがよくある。違う意見から学ぶことができたのなら、考えの広がりや深まりが実現できるに違いない。それを導くのは問いである。そこで、違う考え同士の子どもでペアを組み、お互いの考えに対する質問を考え交流する活動を紹介する。

物語の最後、「ごんはうれしかった」と考えるAくん   物語の最後、「ごんはかなしかった」と考えるBさん

お互いの考えの理由を紙にまとめる

お互いの考えの理由を読み合う

お互いの考えに対する質問を書き出す

書き出した質問をもとに相手と交流する

　例えば物語の人物の心情を想像するとき、意見文の骨子を組み立てるときなど、学習の中で自分なりの意見をもつときはよくあるだろう。そして教室で共に学び合うのであれば、様々な意見に触れて、自らの意見を練り上げていくことはとても大切である。協働的な学びというキーワードからも、そのような活動の重要さがわかる。これからの時代、チームで協力し、創造的なアウトプットを生み出すことがより求められるようになるだろう。そのような取組を支えるのは、異質性からの学びではないだろうか。考えの違う他者からいかに学びを得ることができるのか、普段のどの教科の学習でも大切にしたい基本姿勢である。

　そこで考えの違う子ども同士でグルーピングし、お互いの考えに対する質問を交流することで、さらにお互いの考えを広げ深めるような活動を提案したい。この活動では、交流の前に質問を書き出すということがポイントになる。物語『ごんぎつね』の最終場面の解釈を例にした具体的な交流活動の流れが上図である。

▷ **活動の流れ**

1 ）お互いの考えの理由を書く時間を確保する。
2 ）理由を相手に読んでもらう。
　　ここで重要なのは、この段階ではまだ声に出して交流をしないという
　　ことである。声に出して交流をしてしまうと、そのやりとりの中でお
　　互いの思いに納得しようと思うからである。
3 ）相手の考えに対する質問を黙って書き出す。
　　こうすることで相手の書いている理由に対してしっかりと向き合い、
　　自分が聞いてみたい質問をじっくりと見つけることができる。つまり
　　自己内対話を促すのである。
4 ）お互いが相手に対する質問を十分に書き出せたら、そこから声に出し
　　ての交流をスタートさせる。

　4 ）までは、声を出さずに取り組んできたので、相手に確かめたいこと、相
手に指摘したいことなどがたくさん膨らんでいるはずである。ペアによっては、
「交流開始」の合図で堰を切ったように議論がスタートするかもしれない。

　この指導の重要なポイントは、何よりも「声に出させない」ということであ
る。対話的な活動であるにもかかわらず、沈黙させることで次の2つの効果を
生むことができる。

　一つは沈黙しているからこそ相手の考えが気になり、それがひいては相手の
考えを推察することにつながるのである。すぐに答えを教えてくれないという
のは、AIに聞けば何でも教えてくれるこの時代だからこそ、意義深い。この
もどかしい時間が、子どもの自己内対話を促すのである。人は黙っているとき
こそ深く考えているのである。そう考えると、授業中の沈黙も教師が避けたい
ものではなくなってくる。むしろ沈黙の質に意識を向けなければならない。

　もう一つは、そのように相手の考えを十分に推察したからこそ、それとは違
う相手の考えや、予想通りの反応が相手から返ってきたとき、交流に対する理
解度や納得度がちがってくるのである。このひと手間で交流の質が格段に高ま
る。まだ見ぬ友達の反応が、子どもたちの考えの深まりを生み出すきっかけと
なる。

NO 6 「ちょっと待った！」札

ねらい タイミングよく質問をする

コミュニケーションが瞬時の判断の連続であることは何度も述べてきた。質問をするタイミングも、適切さが問われる。そこで「ちょっとまった！」と書かれた質問札を使って、楽しみながらスムーズに質問できるタイミングについて学べるような活動を考案した。

▷ 活動の流れ

1）質問札を人数分用意しておく

2）グループで交流しているとき、先生の話を聞いているとき、とにかく話を聞いているときに「質問したい」と思ったタイミングで質問札を上げて意思表示をする。

3）質問札を上げられた人は、すぐに質問を確認して答えるか、「もうちょっと待ってね」と今が質問に答えるタイミングではないことを伝える。

　学習中、子どもたちから「質問していいですか？」と聞かれることはあるだろうか。もしそういう場面があれば、それは子どもたちにとって質問したいことがあれば自由に質問できる、安心感に包まれた教室なのだろう。しかし、「質問はあとにしてくれる？」と言いたくなるようなタイミングで質問されたなら、答える側も困ってしまうだろう。せっかく質問してくれたにもかかわらず、質問を後回しにするのもなんだか申し訳ない。それほど子どもたちの問いは大切にされるべきなのである。そうでなければ問おうとする心はまっすぐ育たない。

　そこで「ちょっと待った！」と書かれた質問札を使った活動を紹介したい。

楽しみながら、自然と最適な質問のタイミングが学べる活動である。クイズ番組のように、質問したいと思ったタイミングで机の中に入れているその札を勢いよく上げて、質問をしたいという意思表示をするのである。大きな声で「ちょっと待った！」と叫んでくれる子どもがいれば、大盛り上がり間違いなしだろう。この活動のメリットは大きく３つ考えられる。

　１つ目は、質問をすることが何より楽しくなるということである。これまで勇気が出なくて質問できなかった子どもにとって、遊び感覚で札を上げることができるので、質問することにチャレンジしやすくなるはずだ。導入期の子どもたちにとっては、まずやり取りの中で質問をしようと思えるかどうかが大きな一歩である。この一歩を楽しく踏み出せるのならそれに越したことはない。

　２つ目は、自分が質問したいタイミングと、相手が質問に答えたいタイミングのちがいに気づけるということである。このちがいは、意外と普段意識されないものである。どうしても聞き手は、自分の疑問や確かめたいことをすぐに解消したくなる。思いついたタイミングで相手に質問をぶつけたいものだ。しかし、話し手からすれば、予期せぬタイミングで質問されると、それに答えるために意識をいったんそちらへ向けないといけなくなるため、集中が途切れてしまう。そうならないように聞き手は話している相手のことを尊重し、注意深く内容を聞いていかなければならない。質問したいタイミングを質問札で「見える化」することで、そのタイミングのちがいに気づきやすくするのだ。

　３つ目は、質問札が出されたときに、質問に答える立場の人がいつ質問に答えるのか見通しを伝えることで、自然と話の内容を構造化する習慣づくりにつながるということである。時折、自分が話したいことをすごい勢いで話し続ける人に出会うことはないだろうか。こちらが口をはさむ余裕すらなく、一気に最後まで駆け抜けてしまうのだ。聞いているこちらとしては置いていかれた気持ちを強く味わうのである。やりとりも余白が重要で、適宜相手の反応を確認するような余裕をもっておくことが大切だろう。質問札で相手の質問の意思に気づくことができるので、「もう少し話し手からいったん区切ろう」「今はちょうど一つの話題の終わりだから質問を受け付けよう」など、自分の話の全体像を見通し、構造化しようとする意識が働くのである。

NO 7

「基本的な問い」を マスターせよ

ねらい 質問表を参考に「基本的な問い」を習得する

問いに慣れる段階は、すなわち問うことの導入期である。この時期に問いの分類表の「基本的な問い」を使いこなせることが重要だ。分類表を踏まえた問いの習得法で、確実に「基本的な問い」を定着させたい。

▷ **基本的な問い　３つの問いのモデル**
確認のための問い：「〜だよね？」「〜でいいかな？」
行動を促すための問い：「〜してみよう」「〜したらどうかな」
聞き返す問い：「〜ってどういうこと？」

　基本的な問いについては、第１章で示した問いの分類表を参照していただきたい（p12）。筆者が先行研究を参考にしつつ、目の前の子どもたちの質問の様子と照らし合わせながら作り上げた表であり、基本的な問いとして３つを挙げている。

　１つ目は「確認のための問い」である。やり取りの中で相手に確認をすることが必要になるときに使用する問いである。実は子どもたちは基本的な問いの中でも特にこの「確認のための問い」を多く使用している。この問いを用いて、丁寧にお互いの情報を擦り合わせておくことで、根本的なすれ違いを防ぐことができる。

　２つ目は「行動を促すための問い」である。「多数決で決めたらどう？」「まずは一人ずつ意見を言っていったら？」など、具体的に話し合いを前に進めて

いくためにも大切な問いかけである。みんなで一つのことに同じように取り組むときも、役割分担をして効率よく目標達成に向かうときも、この行動の促しが機能していなければいけない。

　3つ目は「聞き返す問い」である。これは誰かの話を聞いて「え？もう一回言って」といった反応も含まれる。わからないことをしっかりと聞き返すことは、話し手に対する誠実な行動でもある。相手の話をしっかり聞きたい、よく理解したいと思うからこそ聞き返すのである。何度も聞き返されるのはさすがに話し手も嫌気がさすだろうが、適度に聞き返すことは認めていきたいものである。

　これらの基本的な問いを習得させるために、例えば「確認」「うながし」「聞き返し」と短くキーワード化しておいて、教室の見える位置に掲示しておくこともよいだろう。あるいは、教師が子どもとのやり取りのなかで「今の話、ちょっとよくわからなかったから『確認』するね。●●ってどういう意味ですか？」というように、モデルとなりながら基本的な問いを強調して示すことも効果的だろう。

　おすすめなのは、文字起こししたやり取りの中からこの3つの基本的な問いを見つけ出す活動である。子どもたちはこの活動を通して普段から自分たちが実は基本的な問いを多く生み出していることに気づくことができる。筆者は以前、子どもたちに筆者のインタビューの文字起こしを提示したことがある。子どもたちは文字起こしを見て「先生、めっちゃ確認するやん！」「そんなに何回も聞き返してもいいの？」と、やり取りの中で筆者が多用する基本的な問いの存在に気づくことができた。また、聞き返してばかりのグループの文字起こしを見たときには、パワーポイントで一文ずつ文字起こしをアニメーションで示すと、笑いが起こる。自分たちの話し言葉が実際に文字となって読めるのは、大変面白いのである。自分たちの話し言葉に敏感になっているからこその笑いである。

質問のお手紙

ねらい 質問でお互いの関係をつくる

質問することは、言葉を介して他者とつながることである。質問したことにどんな答えが返ってくるのかわくわくする。そして質問されることはうれしい。質問から始まるやり取りが、相手との人間関係をつくるのである。

> **▷ 活動の流れ**
> 1）学級の子どもたちの出席番号が書かれた手紙をつくる。
> 2）教師から子どもたちにランダムに手紙を手渡していく。自分の出席番号を引いた場合は、その子だけもう一度やりなおす。
> 3）子どもは、自分が引いた出席番号の友達に対して、質問を書く。このとき、だれがどの子どもの出席番号を引いたのか、子どもたち同士にはわからないようにする。
> 4）質問を書いた手紙を、郵便配達員に扮した教師が届ける。
> 5）受け取った相手は、質問に対する返事を書く。そして、再度、教師を介して質問をしてくれた相手に返事を届ける。

　誰かから言葉をかけてもらえるのはうれしい。言葉には相手との関係を創り出す働きがあるからである。質問をするということは、相手に関心がなければできない。無関心では聞きたいことすら思い浮かばない。「あなたのことを教えて！」と興味をもたれて、嫌な気分になる人は少ないだろう。それがともに同じ学級で学ぶ友達ならなおさらである。

　そこで質問を通して相手のことをもっと知り、よりよい人間関係をつくるた

めの活動を考えた。この活動では、手紙に相手への質問をしたためて、郵便配達員に扮した教師を介して相手に届ける。子どもたちは、誰が自分の出席番号を引いたのかわからない。ドキドキ、ワクワクの状態になるのである。以下が質問の手紙と、それに対する返事の文章の例である。ちなみに手紙は表に質問を書き、裏に返事が書けるようなつくりにしておくと、一枚で完結して便利である。

〈質問の手紙例〉

　出席番号　7　番　○○さんへ

　こんにちは。わたしの名前は●●です。○○さんに質問があります。

　（質問）好きな食べ物は何ですか？

　私の好きな食べ物はラーメンです。あのスープを一口すする瞬間がたまらないのです。ぜひあなたの好きな食べ物も教えてください。

〈返事の手紙例〉

　●●さん　質問どうもありがとう。質問に答えますね。

　私の好きな食べ物はお寿司です。特にエビが大好きです。私のおすすめは甘いたれをつけてエビのお寿司を食べることです。エビだけで私は、5皿はかるく食べられます。

　あなたはどんなお寿司のネタがすきですか？またお話しましょう。

　質問の手紙で大切なことは、誰に対する質問か、誰からの質問かが確実にわかるように、そこだけは穴埋めにしておくことである。なお、誰からも手紙がもらえなくて悲しむ子どもが出てくることがないよう、質問の送り主と届け先を明記させる。また送り主がはっきりすることで、相手に対して失礼な手紙を書かなくなるというよさもある。また、返事の手紙には、これからの会話が弾むように、お返しの質問（あなたはどんなお寿司のネタがすきですか？）を書かせることである。こうすることで始めの質問をきっかけに、どんどん教室内での会話も弾むだろう。普段話さないクラスメイトならば、さらに効果的だろう。

NO 9 質問イメージマップ パートⅡ

ねらい 質問と質問をつなげる

たくさん質問をすることで、自然と問いは広がっていく。ただし、やみくもに思いつく質問を増やすだけでは、問いにまとまりがなくなってしまう。そこで質問と質問をつなげることで、問いをまとまりよく広げる活動を紹介する。

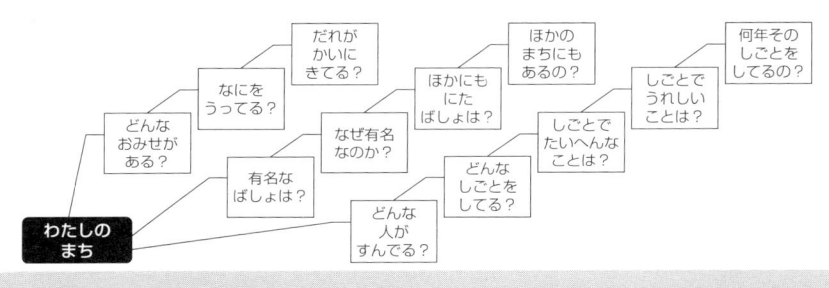

▷ 活動の流れ
1）紙の左下にテーマを書く
2）テーマに沿って思いつく質問を書く
3）その質問に関連する質問であれば線でつないでいき、話題がちがえば
　　別に立てなおし、再度つないでいく

　ここからは問いを広げるための指導アイデアである。問いを広げる子どもたちは、問うことの成長期にあたる。この期間は子どもたちの問いの量を増やすことが重要である。これまでの導入期で、問うことに慣れた子どもたち。つぎなる成熟期で、問いの質を深めていきたい。導入期の土台の上に立って自信をもって問いを生み出すとともに、成熟期での問いの深まりに耐えうる問いの量も扱えないといけない。やはり求められるのは問いの量というわけである。

　しかし、ただやみくもに問いの量を増やせばよいというわけではない。問うことの成長期にあたる子どもたちには、ある一定のまとまりの中で問いを生み出す力をつけてほしい。そこでイメージマップを活用し、テーマに沿った問いをどんどん書き連ねていく活動を紹介する。

　この活動は、質問力育成カリキュラムの指導パッケージである国語科、道徳科、特別活動はもちろんのこと、様々な教科で活用することができる。左の図は生活科で「わたしたちのまち」について学習する単元を想定して作成した。生活科において設定されている、自分たちが住んでいる町を見つめ、様々な気づきの中で町への親しみをもつという学習である。

　この活動では、左下の「わたしのまち」というテーマに沿って思いつく質問を書き連ねていく。この「書き連ねる」というのがポイントである。一定のまとまりのもとで質問を増やしていくことが自然とできるからである。例えば、図の「どんな人がすんでる？」という問いを思いついた子どもは、そのまま住んでいる人の仕事に関する問いを書き連ねている。頭の中で働く人を想像し、その人に質問したいことを話題をそらさずに思い浮かべているのである。

　この時点ですでにこの子どもの中では質の高い学習がスタートしている。何を問いたいかを考えるという行為それ自体が、すでに学習対象との対話的な活動にほかならないからである。

　仮にこの活動を複数名で話し合いながら行ったとする。そうすると、「その質問って関係ないんじゃない？」と、問いのまとまりに意識を向けながら、質問と質問のつながりについてのやり取りが見られるかもしれない。あるいは「こんな質問はどう？」「その質問いいねぇー！」と、一人では気づかなかった質問と質問のつながりに気づくこともあるかもしれない。そんなときは教師がそういった問うことへの気づきに対する価値づけを行いたい。そのような積み重ねが、学級の中の問うことへの意識を高めていく。問うことはよいことなんだという学級文化が育っていくのである。さらにこの活動では、問うことへの意欲を高めるために「いくつ質問を見つけられるかな？」という声かけを行うと効果的だろう。子どもたちは競い合うように問いを書き出していくと思われる。「４個書けたよ！」「ぼくは５個書けました！」と、遊び感覚で問いを書き出す子どもたちの姿が目に浮かぶ。決して競争をあおるわけではないが、質問を広げるためには子どもたちの学びに向かうパワーが重要なのである。

質問で「読む」

ねらい ## 目的に合った質問を書き出す

問いを探すということは、学習の対象について深く考えるということである。問い
を見つけられた分だけ、それについて詳しくなれる可能性が広がる。目的に沿って
とにかく質問を書き出し、多面的に追求できるような活動を紹介する。

> ▷ **活動の流れ**
> 1）全員で詩を読む
> 2）「この詩をより深く理解するために思いつく限りの質問を書き出して
>   交流しよう」と呼びかけ、全員で詩に対する質問を書き出す
> 3）グループでお互いの質問を交換し、答えを考えながら交流する

　問いを生み出そうと思うと、そのことについて深く考える必要がある。エネ
ルギーのいる作業である。その労力のせいで、問うことをやめてしまう子ども
や大人も多いのではないかと思うぐらいである。問わなくて済むのなら、でき
るだけ問わずに楽をして過ごしたいと思う気持ちも理解できる。

　ただし、学習となれば話は別である。目的達成に向けて問いを複数立ち上げ
ることが、その対象への理解を広げ、深めてくれる。問いがたくさん考えられ
ている状態は、そのことについて多角的に考えられている状態でもある。

　そこで、目的を設定し、とにかくたくさん問いを書き出しながら、その問い
に対する答えを考えていくことで理解を広げ深める活動を紹介する。

　小学5年生の子どもたちとの、三好達治の『雪』という有名な詩を題材にした

学習である。『雪』はたった２行だけの短い詩である。だからこそ、何を言い表しているのかについて解釈することが難しい詩でもある。そんな難解な詩に対して、問いを武器に向き合ってみた。子どもたちには「この詩をより深く理解するために思いつく限りの質問を書き出して交流しよう」と呼びかけた。詩をより深く理解するという目的のもと、可能な限り質問を書き出すことを求めたのである。

　子どもたちが実際に考え出した詩「雪」に対する質問をいくつか紹介する。

・なぜ「雪」というタイトルにしたのか
・太郎と次郎は兄弟なのか
・太郎と次郎を眠らせたのはだれか
・「ふりつむ」とはどういう意味か
・太郎の屋根と次郎の屋根は分かれているのか
・太郎と次郎は何歳ぐらいか
・家族はどこにいるのか
・この詩が伝えたいことは何か　など

　どの質問もなかなかに鋭いと思わされる。子どもたちは書き出した質問の数だけ、『雪』に対する解釈の扉を創っているのだと言えよう。できるだけたくさん書き出せるように、じっくりと詩と向き合い、問いを言葉にする時間を保障したうえで、グループとなりお互いの質問を交換し合う。そうすると「それ、おれも気になった！」と同じ質問をしていることに気づいたり、「たしかに。そういわれたら気になるな…」と新たな問いから読みの観点を広げたりする子どもの姿が見られた。質問を交換し合うことで誰かの問いと出会い、そのことを通して物語と向き合うための新たな解釈の可能性と出会うのである。最終的に子どもたちは問いとその答えの交流を通して、「母親がやさしく太郎と次郎を寝かしつけている静かな雪の夜の詩」「命を奪う恐ろしい雪と温かな家の中の雰囲気が対比されている詩」など、思い思いの解釈をつくり上げていくことができた。

　目的を設定し、可能な限り問いを書き出すことで、学習対象（今回は『雪』の詩の解釈）の理解が広がり深まっていく。この理解の変容を子どもたちに実感させることで、より問いの価値にも気づきやすくなるだろう。

NO. 11

「広げる問い」を
マスターせよ

ねらい 質問表を参考に「広げる問い」を習得する

「広げる問い」は相手の考えの理由を聞いたり、主張を求めたりするものである。この「広げる問い」をうまく活用すると、目的の達成に向かって話し合いをリードできるだろう。そこでモデルとなる問いを生かし「広げる問い」を習得するための活動を紹介する。

> ▷ 広げる問い　４つの問いのモデル
> 主張を求める問い：「あなたはどう思う？」
> コメントを求める問い：「私の考えについてどう思う？」
> 理由を求める問い：「なんで？」
> 理解確認のための問い：「つまり〜ってこと？」

「広げる問い」は、主にお互いの考えを広げるために用いる問いである。

「主張を求める問い」は、相手に考えを主張してもらうときの問いである。「○○についてどう思う？」と、やり取りのきっかけにもなるような問いかけとなる。

「コメントを求める問い」は、自分の考えを伝えたうえで、その考えに対するコメントを求めるときの問いである。自分の考えが相手にどう受け止められたのか、自分の意見を言いっぱなしにしないという意味でも大切な問いかけとなる。

「理由を求める問い」は、相手の考えの理由や根拠を求める問いである。「なんで？」「どうして？」と尋ねることで、相手の考えがより理解できる。「広げ

る問い」の中でもよくみられる問いかけである。

　「理解確認のための問い」は、相手が言っていることを自分なりに言い換え、その言いかえが合っているのかを確かめることで自分の理解を確認する問いである。少々難解なように見えるが、他者のやり取りを見ていると「つまり～ってこと？」という問いかけを見ることがあるだろう。この問いかけを生かして常に相手の言った内容を自分が理解できているのか確かめておくことで、理解のずれを防ぐことができる。相手の言いたいことが今ひとつわからないときは、この問いかけを行うことで相手の考えが理解できることもある。

　「広げる問い」を習得するために、４つの問いのモデルを提示、またはリストとして子どもに渡しておき、それを手元においていつでも確認できるようにしながらやり取りを行うようにする。例えば「あいさつは必要か」というテーマの話し合いだとしたら、具体的なやり取りは次のようになる。

Ａさん：「あいさつは必要？」ってテーマだけどＢさんどう思う？

Ｂさん：ぼくは必要だと思うな。　　　　　　　　　　　　主張を求める問い

Ｃさん：なんで？─────────理由を求める問い

Ｂさん：だってあいさつしなかったら怒ってるのかなって思うもん。

Ｄさん：つまりあいてのためにあいさつするってこと？──理解確認のための問い

Ｂさん：そうそう。ぼくの考え、Ａさんどう思う？──コメントを求める問い

Ａさん：いいと思う！わたしも同じ考えだよ！

　モデルの問いを見ながらのやり取りになるので、多少はぎこちなさが生まれてしまう。しかし、モデルがあることで問うことへの意識が高まるとともに、「広げる問い」が使いやすくなる。「使えた種類の問いに丸印をつける」などの指示を与えておくと、ねらっている問いが使えるタイミングを探しながらやり取りをすることになるので、子どもたちの頭はフル回転である。どの子どもも夢中でやり取りに加わるだろう。こうすることで「広げる問い」の習得を実現するとともに、問いを軸としたやりとりの楽しさを味わうことができる。

　「広げる問い」は、問いの成長期である中学年の子どもたちに、ぜひマスターさせたい問いである。他教科との関連も図りながら継続的な指導を行いたい。

NO 12 質問と質問の間を埋める

ねらい 質問の順番を考える

質問には順番がある。質問を順番に並び替えてみることで、質問と質問の「間」に気づき、さらに新たな質問を生み出すことができる。質問の順番を考える活動を通して、より連続的な質問を生み出す活動を紹介する。

質問の順番　例）休日は海派の人へ

- どうして海が好きなの？
- いつから海が好きなの？
- 海が好きになったきっかけは？
- 冬でも海がいいの？
- 海だとどんな遊びができる？
- それでも海が好き？

▷ 活動の流れ

1）話題を決め、書き出せるだけの質問を書き出す
2）質問の順番を考え、並び替える
3）質問と質問の「間」に入る新たな質問を考える

　問うことに関する成長期では、問いの量を増やしていく必要がある。発散的に問いをとにかく書き出す活動も効果的だが、これ以上問いが出せないという段階にきてしまうこともあるだろう。そんなときは、考えている質問の順番を考える活動をおすすめしたい。そうすることで、より質問をする相手へのイメージが膨らむとともに、質問と質問の間の存在に意識が向いて「こんな質問もここですべきだ！」と新たな質問を考え出すことができる。

　例えば休日は山に出かけたいか、海に出かけたいかという話題でのやり取りの中で、問うことの成長期である子どもたちの問う力を育てたいとする。そんなときは一度自由に、思いつくままに問いを書き出す時間を確保したうえで、

一度今考えついている問いを、相手に投げかけたい順番に並び替える活動に取り組むとよい。そうすることで、並び替える前までは気づかなかった新たな問いに気づくことができ、結果として問いが広がるかもしれない。左の図のように一度並び替えてみるのである。

　このように並び替えてみると、「海が好きになったきっかけは？」と「海だとどんな遊びができる？」の間に、点線の枠で示したような問いが有効であることに気づくだろう。海が好きになったきっかけを聞いた後に、海だとどんな遊びができるのかをいきなり聞くより、「冬でも海がいいの？」と聞いた方が「冬だったら寒いから山の方がいいかなぁ」と思ってくれる可能性がある。相手が考えていない点について切り込むことで、自分の主張に納得してくれるかもしれない。問いを並び替えてみることで、相手のイメージが具体的に想像でき、さらなる問いが触発されて生み出されるのである。質問する相手をイメージして問いを考えるということは、慣れてくればこのような具体的な問いの操作を行わずともできるようになる。しかし、問う力をまさに高めている最中の子どもたちにとっては、このような具体的な活動に取り組みながら、明確な相手イメージをもつ練習を積み重ねることが有効であろう。

　このように、今ある質問について、問いかける相手をイメージして順番を並び替えることで、さらに新しい問いが広がることがある。さらにこの活動のよいところはそれだけではない。この質問の順番を考えるという活動は、つまり問いの優先順位を決めるということである。「自分はどの問いを一番に聞きたいのか。そのつぎは…」というように、自然と問いの重みづけをしようとする思考がはたらく。インタビューなどの相手に質問をする活動でも、事前に相手への質問を考える指導が効果的であるが、時折、「時間がなくて聞きたい質問が全部聞けなかった」という子どもと出会う。しかし、この活動のように、問いの優先順位を考えておくことで、自分が聞きたい質問の順番が明確になるので、たとえ時間が短かったとしても、満足のいくやり取りができるのだ。問いの構成を立体的に捉えることで、自然と問いの軽重を把握することができるということである。

　書き出せるだけの質問を書き出したら、その次は今ある質問を材料にして、さらに質問を生み出す活動を行うことが、問いを広げる上では効果的である。

NO 13 質問グルーピング

ねらい 質問を仲間分けする

質問をとにかく書き出した後は、その質問を仲間分けすることで、自分が本当に聞きたかったことが見えてくる。さらに「追加で聞いておいた方がよい」という新しい質問が広がっていくことも期待できる。

　問いを広げるということに取り組む活動は、とにかく問いをたくさん出すということに夢中になりすぎてしまい、時として問いの全体像を見失ってしまうことがある。第１章で論じた問う力の定義では、目的達成に向けて問いを生み出すことが求められることを述べた。しかし、問いを出すことそれ自体が目的となってしまってはいけない。あくまでも問いは手段であり、目的はその問いを使って何を達成しようとしているかにかかっている。

　そこで問いを広げる活動の一環として、たくさん生み出した問いを仲間分けするという活動を紹介する。こうすることでバラバラに生み出されていた問いがカテゴライズされ、より問うていることの全体像が見えやすくなる。全体像が見えたならば、自分が本来何のために問うていたのかという目的もはっきりとしてくる。目的がはっきりとすることで、「これも聞いておかなければいけない」という不足している質問にも気づけるので、結果としてさらに問いが広がる。

　以下に「幸せについて探究する」というテーマに対する問いを書き出してみる。

①幸せについて書かれた本にはどんなものがあるか

②幸せの定義は何か

③不幸なときはどんなときか

④どんなときが幸せか

⑤幸せそうな人はだれか

⑥なぜその人が幸せに見えるのか

⑦お金持ちは幸せか、貧乏な人は不幸か

⑧なぜ幸せを感じるのか

⑨幸福度ランキングの高い国はどこか

　書き出してみたが、これらの問いは大きく分けて「自分が感じている幸せ」「他人が感じている幸せ」「幸せに関する情報」の３つにカテゴライズできそうである。「自分が感じている幸せ」は③④⑤⑧、「他人が感じている幸せ」は⑤⑥、「幸せに関する情報」は①②⑨である。こうしてみると筆者は幸せを考えるにあたって「自分が感じている幸せ」について焦点があたりやすいということがわかる。自分なりの幸せを追求したいと思っているのかもしれない。そうであるならば「幸せを感じる趣味は何か？」「それがないと生きていけないものは？」など、さらに自分の生き方に焦点化して問いを考えるということも可能である。

　一方で、「他人が感じている幸せ」に関する問いが少なかった。このことについて、「身の回りで楽しそうに働いている人はだれか」「仕事のやりがいはその人の幸せにつながっているのか」など、より他者に目を向けて幸せについて考えるという方向性も見えてくる。自分の思考の枠外を意図的に探索しようという営みである。広い視野をもつためには、重要な試行錯誤である。

　自分の興味・関心の傾向を知り、その傾向を生かして問いを生み出すこともよい。一方で、自分の思考の枠組みを知り、その枠の外を意識して冒険してみるのもよい。いずれも問うことを通した探究には変わりないのである。この活動のおもしろいところは、問いのカテゴライズによって、自分の考え方を見える化するということである。自分の考え方の傾向を知り、それを踏まえて思考することは、メタ認知を働かせ課題解決を図るという意味でも重要である。

NO 14　質問リレー

ねらい　問いをふくらませる

一人で問いを広げることに煮詰まった場合は、友達と協力するとよい。質問リレーは、楽しく問いを広げることができる活動である。ゲーム感覚で問いを生み出せるとともに、友達の発想から刺激をもらうこともできる。

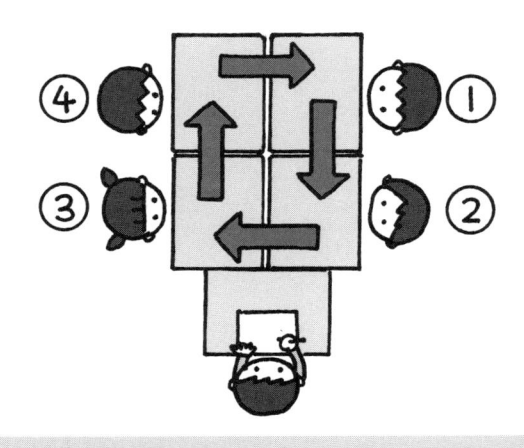

> ### ▷ 活動の流れ
> 1）５人一組でグループをつくり、発言する４人と、記録する１人で机を並べる。
> 2）テーマを一つ決め、教師の合図で１番の子どもから順番に思いついた質問を言い、４番の子どもが言い終えたら、また１番の子どもが質問を言う。
> 3）出された様々な問いは記録役の子どもが記録し、あとで全員で見返す。

　目的を達成するために適切に問いを駆使することが問う力であるが、目的達成を意識しすぎるあまり柔軟な発想ができなくなることは問題である。「解決しなければ！」と強く思えば思うほど、よい考えが思いうかばなくなることもまた事実である。偶然のひらめきや逆転の発想など、思いもよらないところか

ら目的達成に効果的な問いが生まれることもある。ただ、そのような少し違った角度から考えることは、1人では難しい。いろいろな人と話し合いながら、多面的に物事を考えるというトレーニングを積んで初めて、1人で多面的に考える力がつくのではないだろうか。そう考えると「学校で学ぶ意味はあるのか」という問いへの一つの答えも浮かんできそうである。そこで友達と力を合わせて様々な問いを多面的な視点で考えながら、問いを広げていく活動を紹介する。

「質問リレー」と題した活動は、左図のように机を合わせて、1人ずつ思いついた問いを言い合いながら、質問のバトンを渡していく活動である。

例えば特別活動で「仲良くなるために友達に質問したいこと」をテーマに、質問をどんどん出し合うのもよいだろう。人数が足りない場合は、記録はタブレットなどのICT端末で録音や録画をしておいて、後で聞き返せばよい。

子どもたちは「よい質問を考えないと！」という思いに縛られるがあまり、なかなか質問の第一歩を踏み出せない場合がある。この「質問リレー」のように、バトンが回ってくると、質問の質は二の次でとにかく質問を言って次にバトンを回さないといけなくなる。楽しいゲーム的な活動の中で、問うことへの心理的ハードルを下げるということが可能となるのである。

最後には、記録された問いを全員で確認する時間を取ることも忘れてはいけない。活動自体にゲーム性があり楽しいので忘れてしまいがちだが、本来の目的は「目的の達成につながる質問を広げる」ということだからである。自分たちが即興的に生み出した問いには、意外な価値が隠されていることがある。その価値を自分たちで確かめ合うことも、問うことの指導では大変重要なことである。

NO 15 問いで調べ学習

ねらい 調べ学習に問いを活用する

調べ学習は、教科を問わず多くの教室で取り入れられている活動だろう。調べ学習でも、問いを活用しながら学習ができたならば、より一層、問うことは子どもにとって身近な活動となるはずである。調べ学習に問いを連動させる活動を紹介する。

　GIGAスクール構想も進んだ今、学校現場ではインターネットを使った調べ学習が盛んである。情報化が進むこの時代、インターネットを活用した質の高い探究は大人も子どもも必須であろう。しかし、低学年の子どもに特に顕著であるが、インターネットの検索エンジンに入力する質問の言葉をうまく扱えないでいることが多い。生成AIから回答を引き出したいときに入力する指示文を「プロンプト」と呼ぶが、文部科学省が公表した『初等中等教育段階における生成AIの利活用に関するガイドライン』の中でも、適切なプロンプトの使用を目指して、問いを立て続ける学習を各教科等で行うことが求められている。問いを学ぶことが、質の高いICT活用を実現するための方法の一つなのである。

　小学校段階では、まず適切な検索ワードを見つけられるようにすることから始めたい。私たち大人は当たり前のように日々スマートフォンで調べ物をしている。日常的な風景であるため、調べ方がわからないという感覚などないだろう。若い教師であればなおさらである。しかしながら意外なことに、低学年の子どもたちは適切な調べ学習の仕方を知らない。音声入力機能を活用していて

も、検索ワードを「どうして虹は雨上がりに出るんですか？」と一文で入力し、検索しようとするのである。キーワード検索を知らないのである。

　そこで調べ学習の活動の一環として、キーワード検索について学びつつ、問いを広げる活動を取り入れ、より目的に沿った情報収集ができるようになるための活動を紹介する。

　国語科の学習で、様々な動物の身の守り方に関する説明文を読んだときのことである。子どもたちは生き物に関心があり、説明文から得た情報から、さらに詳しく調べたいという思いをふくらませていた。そこでICT端末を使った調べ学習を行う際、問いを活用した指導のひと手間を加えることとした。

　具体的には、説明文を読んで調べたいことを問いの形にして付箋に書き出させたのである。写真は付箋にたくさん問いを書き出す子どもの様子と、書き出した問いを仲間分けした模造紙である。

　子どもたちが思いついた問いを以下に紹介する。

・なんでわざわざスカンクはさかだちをするのですか？
・ヤマアラシのとげは、もし自分にあたったらどうするのですか？
・ヤマアラシのとげはかたいんですか？
・ヤマアラシは何でとげを出すの？とつげきしたらいいのに。
・アルマジロは丸くなるときに頭も内がわにいれるの？

　どれも子どもらしい素朴な問いである。だが、とても答えが気になる問いでもある。まずはこのようにたくさん思いつく問いを出させたうえで、どの問いから解決を目指して調べていくのか考えるようにした。

　さらに左の写真のように問いを仲間分けすることで、グループの中で効率よく調べるための役割分担をすることも可能となる。広げた問いを仲間分けする活動のよさは、すでに述べたとおりである。

　さらに検索ワードの選び方もこのタイミングで指導したい。例えば一つ目の問いならば「なんで」「スカンク」「さかだち」の検索ワードを選べばよい。慣れるまでは、教師が一人ずつの問いに線を引き検索ワードを示すことも効果的だ。

問い屋さんごっこ

ねらい 問いを交換する

- -

問いをたくさん書き出せるようになってきたら、少しずつ問いの質についても目を向けなければならない。そこで、問いを売り買いする中で問いを広げつつ、自然と問いの質についても考えられる活動を紹介する。

▷ **活動の流れ**
1) 自分の商品（問い）を考えてカードに書く
2) お店屋さんとお客さんに分かれて、カードを交換する
3) 交換してきた問いに自分なりに答える
4) カードをもとの所へ戻す

　問いを広げる時期である問うことの成長期において、子どもたちは問いの量

を増やすことができるようになってくるだろう。その後子どもたちは、問いの質を考える成熟期に入っていく。成熟期の育ちは主に高学年の子どもたちに重点を置いているが、低学年からであっても成熟期につながるような、問いの質を考える視点をもつことはできる。そこで、低学年の子どもであっても、もちろん高学年であっても、問いを広げつつ、問いの質についても自然と目を向けることができるような活動を紹介する。

　「〇〇屋さんごっこ」は、生活科や特別活動を中心に子どもたちが幼いころから慣れ親しんだ活動である。そこで「問い屋さんごっこ」という活動を編み出した。「問い屋さんごっこ」では、お店に並ぶ「問い」を売り買いするが、やり取りするのはお金ではなく問いである。問いが書かれたカードを物々交換することで、お店屋さんごっこを楽しむのである。つまり、問いを買うためにも問いがいるし、問いを売るためにも当然問いが必要なのである。お店屋さんごっこを楽しむためにはたくさんの問いがいるので、子どもたちも夢中で問いを見つけることに取り組むだろう。子どもたちは、楽しみながら問いを広げることができるというわけである。

　左の写真は、2年生の子どもたちが「問い屋さんごっこ」に取り組んだ様子である。国語科と絡めて「読んだ説明文に対して質問したいこと」をテーマに、たくさんの問いを書き出すことができた。どの問いも、子どもたち一人ひとりの興味・関心に基づいた、個性的な問いばかりである。

　問いを自分の机に満足そうに並べるお店屋さん側の子どもたち。一方、自分の持っている問いと見比べ、どの問いを選ぼうか品定めしている子どもたち。子どもたちはこの段階ですでに、問うことの量を確保する段階から、問いの質を考える段階に移行し始めている。なぜならば、問いの品定めをするという行為は、より自分の学びにとって意味のある問いを選ぼうとする行為だからである。

　この活動では、問いのカードを交換した後、そのお気に入りの問いのカードに自分なりに答えを書き込む。さらに必要に応じて、本やタブレットで調べる活動を取り入れてもよい。そして最後には、本来のカードの持ち主へ問いのカードを返す。いろんな人の手に渡った問いが、最終的には手元にもどるようにするのである。そうすることで、問屋さんごっこを楽しむためにたくさん書き広げた問いの答えを、友達の力を借りて理解できることになる。

NO 17 質問セルフモニタリング

ねらい 自分の質問の傾向を知る

人それぞれに話し方のくせがあるように、質問の傾向もある。自分にどんな質問の傾向があるのか把握しておくことは、自分自身で話の仕方や内容をコントロールするうえで重要なことである。

　ここからは問いを深める指導について紹介していく。問いを深めるとは、問いの質について考えていくことを指す。第2章では、その時期を指して問うことの成熟期であると述べた。成熟期では、とにかく問いの量を増やしてきた成長期の成果を踏まえた学びが必要である。そのための第一歩として、自分の質問の傾向を知るという活動を紹介する。

　自分がどのような質問をよくしているのかということを知っておくのは、とても重要である。なぜならば、もし自分が相手に理由を尋ねる質問をあまりしないことがわかっているならば、意識して理由を聞こうと問い方を改めていくことができるからである。そのように自らを知り、必要に応じて修正を繰り返していく過程で、自らの問いの質が変化していく。これこそ問うことの成熟期にふさわしい姿である。そのためにも、自分がどのような問い方をしているのか、まずは自分自身でしっかりと認識する必要がある。そのために、自分が参加しているやり取りの文字起こしを見てみるという活動を紹介する。

　次のやり取りの文字起こしを見ていただきたい。これは筆者が、同僚の先生の子ども時代についてインタビューしたときのやり取りである。

◇：なんか、小学校の時にはゴム跳びが流行ってたから。

友：ゴム跳びね。

◇：ゴムがゆるゆるになるまで。ひたすら休み時間をゴム跳びで。
　　小学校3年生ぐらいやと思うねんけど。

友：ああ。

◇：ゴム跳びをひたすらやってた。

友：ひたすらやってたって思い出があるんですね。女の子たちがよくする遊び
　　なんですか？ゴム跳びって？

◇：女の子。女の子がしてました。男の子はまあ全然してなくて。

友：ドッチボールてすか、男の子は？

◇：一緒にするんやったらおにごとかは一緒にするけど。

友：はい、はい、はい。

◇：ゴム跳びに関しては女子。みんな女子ですごい流行ってたから。

友：あれってどういう遊びでしたっけ、ゴム跳びって？

　子どもたちとためしに筆者の問い方について分析してみた結果、子どもたち
は大きく二つのことに気づいていた。一つは下線で示したような、確認をする
ような問いかけを多用していることである。丁寧な確認をすることで、相手の
話がよく理解できるというよさに子どもたちは気づくことができた。もう一つ
は、直接的な問いに対する気づきではないが、共感的な聞き方を筆者が行って
いることである。相手がゴム跳びの話をしたら「ゴム跳びね」と繰り返し、ゴ
ム跳びをひたすらやっていたと話せば「ひたすらやってたって思い出があるん
ですね」と繰り返している。子どもたちの中には、こんなにしつこく繰り返さ
なくてもいいのではないかという声もあった。一方で、丁寧に繰り返した方が、
相手も聞いてもらえていると安心するといった声も聞かれた。どちらもあり得
る分析だろう。いずれにしても重要なことは、実際のところ相手がどんな思い
を抱いたかである。

　自分のやり取りを文字に書き起こして見るということは、あまりない経験で
ある。だからこそ問い方も含めた、自分のコミュニケーションに対する様々な
気付きを得られる。一度読者の方にもやってみていただきたい活動である。

NO 18
「深める問い」を マスターせよ

問うことの成熟期では、「深める問い」の習得を目指す。この問いは意識的に使用しなければ、やり取りの場で生み出すことは難しい。だからこそ成熟期において、一つずつ丁寧に子ども達に指導しなければならない。

▷ 深める問い　４つの発問モデル

矛盾を指摘するための問い：「それっておかしいのでは？」
さらなる理由を求める問い：「他にも理由はある？」
考えの比較を求める問い：「同じところ（ちがうところ）はどこ？」

　「深める問い」は、学習場面においてなかなかお目にかかることがない。筆者による過去の研究では、やり取りで見られる質問全体に占める割合は数％しか確認されなかった。それも、小学校のどの学年においても同様の数値である。つまり、小学生は学年が上がったからといって、徐々に「深める問い」を使いこなせるようにはならないということである。だからこそ「深める問い」は教師が意図的に、子どもたちに指導しなければいけない。

　「深める問い」は３つある。１つ目は「矛盾を指摘するための問い」である。話し合いを進めていくと、「その考えではつじつまが合わないんじゃないか」と思う考えが出されることもある。もし仮に、そのままその矛盾した考えがグループ全体の結論になってしまうことになれば、困ったものである。そこで、「それっておかしいんじゃないか？」とつじつまが合わない点を挙げながら指

摘するような、この問いかけが必要になってくるのである。

　2つ目は「さらなる理由を求める問い」である。この問いは「広げる問い」に位置する「理由を求める問い」の、さらに上位にある問いである。やり取りの中で出された主張を支える理由について、一つだけではなくさらに複数挙げるように求める問いかけである。グループや学級の中でみんなに選ばれるような結論は、複数の理由や根拠に支えられていることが多い。主張の安定感を高めたり、みんなの納得を取り付けたりするための問いかけである。

　3つ目は「考えの比較を求める問い」である。この問いは、やり取りの中で複数出された意見を比較し、それぞれの共通点や相違点を明らかにするように求めるような問いかけである。話し合い活動では、子どもたちが活発に話せば話すほど様々な意見が出される。これは質の高い合意形成を行うためには、拡散的なやり取りのステップとして重要である。一方でいつまでも風呂敷を広げっぱなしでは、話し合いの収拾がつかない。折り合いをどこに付けることができそうか、やり取りの論点になりそうなところはどこか、話し合いを収束させていくために重要な問いかけである。

　これらの「深める問い」は、授業で子どもの思考を揺さぶるときにもとても効果的である。だからこそ、このような問いかけを子どもが使いこなせるようになることが重要である。思考を揺さぶるのは、なにも教師の専売特許ではないからである。子どもたち自身が互いに考えを揺さぶりあい、高め合っていく。このような理想的な学びを実現するためには、子どもたちがこの問いを使いこなせるかどうかにかかっている。

　そのために教師は以下の3つの指導を意識したい。まずは直接的な子どもたちへの指導である。つぎに、このような問いが偶然に子どもから出されたときに、素早く教師が価値づける指導である。自分たちの口から実際に出た問いだけに、子どもたちも納得感をもって学ぶことができる。3つ目は教師がモデルとなる指導である。例えば、物語『ごんぎつね』だと、「見つかったら死んでしまうのに兵十に近づくごんはおかしいのではないか」と問い、それを乗り越える子どもたちの活発な意見を引き出す。そのうえでこの「矛盾を指摘する問い」に対する価値をそっとふりかえり、子どもたちに説明するのである。子どもたちにとっても、問いの効果を実感しやすい方法である。

NO 19 収束させるための質問

ねらい 集団の考えを質問で一つにまとめる

グループや学級で結論を導くときには、拡散的な話し合いだけではなく、収束的なやり取りが求められる。あえて子どもたちに結論をまとめるような課題に取り組ませることで、問いの質を深める必要性に気づかせたい。

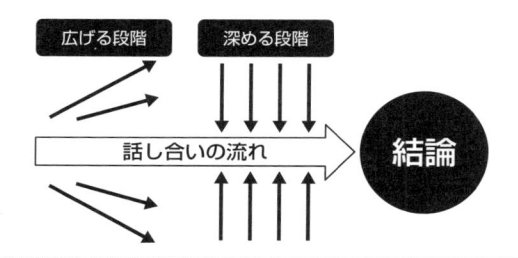

> ▷ 活動の流れ
> 広げる段階：できるだけたくさんの意見を出す
> 　　　　　　→意見を出すための質問、理由を問う質問
> 深める段階：意見を比較し、取捨選択したり、統合したりする
> 　　　　　　→矛盾を指摘する質問、共通点や相違点を明らかにするための質問

　「話し合いを授業の中で取り入れたいのだけれど、時間がかかってしまうからなかなかできない」という教師の声を聞くことがある。たしかに、堂々巡りのやり取りが続くと子どもも教師も、「何のために時間をかけて話し合いをしているのか」と、話し合いの価値を疑ってしまうだろう。もちろん堂々巡りのやり取りであったとしても、それぞれの意見を出し合うこと自体には立派な意味がある。しかし、せっかく話し合うのだからお互いの意見がさらに練り上げられたり、グループの中で一つの結論に達したりしてほしいという思いもわいてくるだろう。

　そういった願いにこたえることも、質問の大きな役割の一つである。問うこ

とで意図的にグループの意見を収束へと結びつけていくことができる。そこで、それぞれが意見を持ち寄るような話し合いを設定し、問いを駆使しながら考えを一つにまとめる活動を紹介する。この活動は、様々な話し合い活動に応用できるため、一度子どもたちが習得すると、いろんな場面で効果的に活用できる。

図は話し合いの流れを二つの段階（広げる段階と深める段階）に分けたものである。話し合いはおよそこのように二つの段階を経て、結論に達する。そこでこの二つの段階で使用する問いを使い分けながら、質の高い話し合いを展開しつつ、最終的にメンバーが納得する結論に到達することを目標とする。

広げる段階では、メンバーの意見をどんどん話し合いの場に出すことを目的とする。ここで出た意見を材料としながら最終的な結論を導いていくので、ここであまり意見が出なかったり、出た意見に対するメンバーの理解が不十分だったりすると、この後の話し合いも滞る。一方ここで様々な意見を共有できていると、最終的な合意形成への納得度も高まっていく。よりメンバーの意見が反映できている可能性が高いからである。ここで意識的に使用したい問いは「広げる問い」である。意見を出すことを求めたり、理由を問うたりすることを通して、メンバーの考えをどんどん引き出し合うのである。

深める段階では、様々に出た意見を比較し、よりよい意見を選んだり、意見と意見を統合したりする必要がある。この深める段階での絞り込みが不十分だと、みんなが納得する結論にはたどり着かない。合意形成を目指す話し合いは大人でも難しいところだが、この深める段階をいかに充実させるかが重要である。ちなみに筆者の見立てでは、小学校段階ではグループやクラスでの話し合いは、どんどん広がるものの、深まりを実現することは難しい。話し合いで互いのよさを織り交ぜた結論を生み出すというより、多数決に頼った決め方をしてしまうのである（そして大体の場合多数決で決まった後に参加者から文句が出る）。ここで意識したい問いは、「深める問い」である。おかしいと感じる意見は矛盾を指摘したり、共通点や相違点を明らかにしたりすることが、考えを一つにまとめる上では重要である。

もちろんそれぞれの段階で、基本的な問いを含めどの問いを出してもかまわない。大事なことは話し合いの段階を意識して、必要な問いを考えることである。

NO 20 想定問答で自分を ブラッシュアップ

ねらい 自分への質問を予想する

何かに対して問うということは、その対象について深く考えるということである。
問いが多ければ多いほど、その対象についての思考も深みを増す。では問う相手を
自分にしてみると、どのようなことが起こるだろうか。

> ▷ **活動の流れ**
> 1）自分への質問を予想する
> 2）予想した質問に答えてみる
> 3）追加で質問を予想する

　想定問答という言葉がある。筆者は学生時代、面接試験が近づいてきたら
「どのような質問が出そうか」ということを先回りして考え、その問いに対す
る考えを紙に書きまとめることをしていた。想定していた質問が出てきたとき
には、自信をもって答えられたものである（今思えば、その自信満々な答え方
が逆効果となっていたこともあっただろうが、それは修正すべき戦略的判断の
一つである）。しかし、この想定問答にはそれ以外の価値がある。むしろ問う
ことの指導という意味ではそちらの方が重要である。それは大きく二つある。
一つは自分への質問を予想することを通して、さらに自分について詳しくわか
るということである。もう一つは、予想した質問を並べてみたときに「こうい
うことについてはまだ考えられていない」という自分の「穴」に気づけるとい
うことである。この「穴」を見つめることで、自分にとって本当に問うべき内

容が見えてくる。その結果、問いの質が深まっていくのである。

　例えば「学校」というテーマで、この活動を考えてみる。

1）自分への質問を予想する

　「学校は何をする場所か」「好きな／きらいな教科は何か」「どの時間が一番好きか」など思いつく限りの質問を書き出す。

2）予想した質問に答えてみる

　予想した質問に対する答えを考えてみる。「学校は友達を作る所かな」「好きな教科は国語で、嫌いな教科は算数かな」「休み時間に友達とサッカーをするのが一番好きな時間だな」などである。この段階でかなり自分にとっての「学校」が明確になってきているはずである。

3）追加で質問を予想する

　ここでもうひと手間を加える。この活動で、自分への問いの質がぐっと深まる。予想した質問と答えを見ながら、さらに質問を追加していくのである。例えば「好きな教科は国語で、嫌いな教科は算数かな」と思ったのなら、「どうして国語は好きなのか？」「どうして算数は嫌いなのか？」という問いを追加で予想してみる。すると「国語は物語の人物と同じ気持ちになれるから好き」「算数は計算ミスをしてしまうから嫌い」などということを考えるようになる。

　1）で予想した最初の質問と、3）で追加した質問とを比べると、後者の方がより自分の考えの核心に迫っていることがわかる。他者からされる質問を予想し、その質問への答えを準備しながら、さらに質問を予想するというプロセスを繰り返すことで、どんどん自分の考えの核心に迫る問いが見いだされていく。この核心に迫る問いを見いだしていく過程は、問いを深める過程であるとも言い換えられよう。

　この活動のおもしろいところは、「質問は2人以上集まらないとできない」といった枠組みを超えて、たった一人でも自分の思考を深める活動を開始できることである。言われてみれば当然のように思うかもしれないが、幼い子どもであればあるほどこの前提は強固である。だからこそ学校教育の中で、教師が意図的に問う力を高める指導の一つとして、質問を予想する活動を設定する必要がある。

質問ビフォーアフター

ねらい　計画した質問と実際の質問を比べる

目的達成に向けたコミュニケーションの中で、事前に予想して考えた問いと、実際に行った問いとではどのような違いがあるのだろうか。違いがあるとしたらそれはなぜか。問いの質を深めるために考える活動を紹介する。

計画していた質問	実際の質問
・ダイコンの食べごろはいつですか？ ・どうすればおいしいダイコンができますか？ ・ダイコンの葉っぱは食べられますか？	~~・ダイコンの食べごろはいつですか？~~ ~~・どうすればおいしいダイコンができますか？~~ ・ダイコンの葉っぱは食べられますか？ ・ついひ（追肥）はどのタイミングでしたらいいですか？

▷ **活動の流れ**

1）インタビューで聞きたい質問を可能な限り書き出す

2）質問を見ながら、インタビューする。インタビューした項目には線を引く

3）計画していた質問と実際の質問を見比べたり、インタビューしなかった質問やその場に応じて新たに取り入れた質問を振り返ったりする

　例えばあなたが誰かにインタビューをするという状況を思い浮かべてほしい。インタビューの前に、「どんな質問をしようかな」とある程度いくつかの質問を準備していくはずだ。そして実際にインタビューが始まる。そのとき、あなたは準備した質問を順番に投げかけるだろうか。あるいは、準備しながらもその場の雰囲気や、インタビュー相手の様子を見て適宜質問を変更するだろうか。

　おそらくよいインタビュアーになればなるほど、その場に合わせた質問を即興的に繰り出すだろう。なぜならば、こちらに聞きたいことがあるのと同様、相手も話したいことがあるからである。その場の雰囲気に合わせ、相手の心の状況に配慮しながら、語り手も聴衆も満足する情報を引き出せるインタビュア

ーは、戦略的判断を土台としながら問う力を発揮しているのであり、よき問い
手の理想形ともいえるだろう。

　ではそのような問いを繰り出す力は、どうすれば身に付くのだろうか。変化
する状況に応じた、適切な問いとは何かについて考える活動を紹介する。

　この活動は、コミュニケーションを通して相手に何かを教えてもらうような
インタビューと相性のよい活動である。インタビューは、直接的なかかわりの
中で情報を収集するという、情報にあふれる現代だからこそその価値を再発見
したい活動である。加えて様々な教科の学習にも活用できる活動である。

　生活科の学習で冬野菜のダイコンを育てるために、農家の方にインタビュー
する活動を例に説明する（図）。はじめに農家の方に聞いてみたい質問を可能
な限り書き出す（左図）。次にその書き出した質問を見ながら、実際のインタ
ビューに取り組む。取り組む中で使用した質問は、右図のように見え消し線を
引くとわかりやすいだろう。線が引かれなかった質問「ダイコンの葉っぱは食
べられますか？」は、実際には農家の方への質問として扱われなかったもので
あることがわかる。しかし、点線の枠で示した「ついひ（追肥）はどのタイミ
ングでしたらいいですか？」はその場で考えついて、聞いてみた質問である。
計画していた質問と実際の質問を見比べて分析してみると、「予定外」の部分
が明らかになってくる。

　この「予定外」が、問う力を高める上で重要である。「なぜこの質問をしな
かったのか」「どうしてこの質問をその場でしようと思ったのか」このように
振り返る時間を確保することで、そのとき自分が何を考えていたのかがわかっ
てくる。そしてそのときに考えていたことこそ戦略的判断であり、質問力を高
める上で重要なのである。

　もしかしたらこのとき、この質問者は、おいしいダイコンの作り方の話の中
で、肥料を追加する「追肥」という言葉を知り、そのタイミングが気になった
のかもしれない。その予定外の質問をインタビューに組み込むために、もとも
と予定していたダイコンの葉っぱに関する質問を割愛したのだ。話の展開を捉
えたよい問いである。このような計画と実際との比較を通して、その場で質問
すべき本当の問いがみえてくる。これを繰り返すことで、その場で臨機応変に
戦略的判断を実施しながら、質の高い問いを生み出す力を高めることができる。

質問を書き換える

ねらい　深める問いを定着させる

深める問いを普段の学習で活用するのは至難の業であり、意図的な働きかけが必要となる。そこで、今ある問いを、深める問いに書き換える活動を通して、深める問いの定着を目指す。

	質問の種類	質問のねらい	質問の例
質問レベル☆	①事実を確認する質問	話している相手に事実を確認する	A:ごんは一人ぼっちの小ぎつねだったよね？ B:そうそう。
	②相手を行動させる質問	質問をして相手に行動させる	A:まず兵十の行動をすべて書き出してみたら？ B:うん、そうするよ。
	③もう一度聞く質問	わからなかったことを聞き返す	A:Bさん、ごんはやさしいきつねって言った？ B:うん、言ったよ。
質問レベル☆☆	④相手の主張をたずねる質問	テーマに対する相手の主張を知る	A:ごんは最後どんな気持ちだったと思う？ B:悲しかったと思うよ。
	⑤自分の考えへの意見を聞く質問	自分の主張に対する相手の意見を知る	A:ぼくはごんはうれしかったと思うけどどう？ B:私もそう思うわ。
	⑥主張の理由を聞く質問	相手の主張の理由を知る	A:どうしてごんはうれしかったと思うの？ B:だって兵十に気づいてもらえたからね。
	⑦わかっているかを聞く質問	相手の考えを自分が理解できているか言い換えてみることで確認する	A:気づいてもらえたのがうれしかったってこと？ B:そうそう。
質問レベル☆☆☆	⑧おかしなところをつく質問	相手の考えのおかしな所を指摘する　矛盾している所を指摘する	A:くやしいのにうなずくのは変じゃない？ B:たしかにそうだな。
	⑨新たな理由を聞く質問	相手の意見の新たな別の理由を聞く	A:ごんが悲しい気持ちだった理由は他にある？ B:せっかく兵十と仲良くなれたからさ。
	⑩考えの同じ・ちがう所を聞く質問	お互いの考えの同じ所や違う所を確認する	A:Bさんとぼくは「ごんが兵十と親しくなれた」という所は考えが同じだよね？ B:そうだね、そこは二人の考えの共通点だね。

　コミュニケーションの中で、深める問いを使用することはなかなか難しい。筆者もこれまで10年近く問うことの研究を続けてきたが、子どもたちが自力で深める問いを駆使するところを目にすることは少ない。しかし、これまで述べてきたように、豊かな対話を実現するためには、深める問いの利用価値は高い。

　そこで筆者が考えたのが、問いを書き換える活動である。この活動では、上図に示した子ども版の「問いの分類表」を活用する。これは第1章で示した「問いの分類表」を子どもが読んでもわかりやすいように改良を加えたものである。見比べてその違いを確認してほしい。特に子どもたちには「質問レベル」として問いのカテゴリを示している。質問レベル☆☆☆が、深める問いに相当

する。この表を子どもたちに提示したうえで、問うことを軸にした学習活動を展開していくのである。

　例えばこれまで紹介してきたように、問いを書き出させる活動に取り組んだ後に、この表を提示し、「今みんなが書き出した質問のレベルはいくつでしょうか」と問うてみる。子どもたちは夢中で自分の質問のレベルを確認する。

　筆者が6年生の子どもたちと取り組んだときには、子どもたちは自分の質問をレベル分けする活動を通して、質問の全体像をつかむことができた。この分類表を使って質問が分類できるようになること自体、とてもレベルが高いことである。慣れるまでは子どもから「ぼくのこの質問は、この表のどの質問ですか？」という質問が出てくるだろう。一つずつ丁寧に説明する必要がある。

　また、おそらく子どもたちは、初めてこの活動に取り組むときは、レベル3の質問がほとんど出せていないことに気づくだろう。そこに気づくことができたら次のステップだ。「レベル3の質問になるように、今ある質問を書き換えてごらん。新しくつくり変えてもいいよ」と指示するのである。そうすると、子どもたちは分類表を片手に、自分たちが今しがた生み出したばかりの質問を書き換えようとする。徐々に子どもたちの中にレベル3の質問を見いだす子どもが出てくる。そんなときはすかさず周りに紹介して価値づけたい。

　大人であっても、深める問いを日常会話に意図的に組み込むことは難しい。深める問いをやり取りの中で効果的に活用できるようになるためには、継続的なトレーニングが必要である。ここで紹介している取組は、実際に質問する段階の一つ前、質問を思いつく段階での指導を意識している。子どもたちにいきなり質問を口にすることを求めるのは無理があるので（深める問いであればなおさら）、どのような問いを思いついてほしいか、どう考えると思いつくことができるか、ということについてまず考えられるようにしているのである。既に自分が書き出した問いをもとにして、「書き換える」という活動に注力することができるので、子どもにとっては取り組みやすくなっている。質問を思いつく段階、実際に質問する段階と、問うことの指導を切り分けて構想することは、他の問うことの指導においても有効な考え方であろう。

　このように深める問いを生み出すためには、教師がかなり意図的かつ具体的に介入方法を検討し、実践していくことが重要なのである。

NO 23 登場人物に質問する

ねらい　物語の本質に迫る問いを吟味する

物語の読みを豊かにしていくために、問うことを取り入れた活動を紹介する。物語の人物に届けたい質問を考え、その答えを予想することで、物語の読みと同時に、問いの質も深まっていくだろう。

▷ 活動の流れ
1）登場人物への問いを全員で書き出す
2）ランダムに引いた問いに個人で答える
3）手元に返ってきた友達の答えを読む
4）受け取った答えをもとに交流する

　最近、読むことの学習活動として問いを立てる実践を目にする。子どもたちの問いを大切にした問題解決的な学習展開は、本書が目指す質問力の向上と相互に関連しているといえる。なぜならば、読むことの学習で扱うテキストも、広い意味で言えば子どもたちにとっての他者であり、テキストを読むという行為は他者とのコミュニケーションであると言い換えることができるからである。テキストに対する問いをもち、その解決に向けて試行錯誤する過程を通して、子どもたちは説明文や物語文の本質に迫る問いとは何かについて考えを深めていくだろう。それはまさしく質問力を高める過程であり、問いを軸にした読むことの学習展開を考え実践していくことで、子どもたちの質問力も併せて向上させることができるのである。

　そこで、物語を読む活動の1つとして活用できる実践アイデアを構想した。この活動では、子どもたちが物語の登場人物に対して質問を考える。さらにその質問を協働的に解決することで、読みと問い双方の深まりを実現することをねらう。

　物語を読む単元では、初発の感想を書きまとめさせることが多い。初発の感想は、単元当初の感想と、単元を終えての感想を比較することでその子どもにとっての読みの深まりを確かめることに役立つだろう。あるいは単元を通して追究するための、物語の本質に迫るような問いを教師が見つけ出すために、子どもの物語への反応を把握することにも役立つだろう。初発の感想は、子どもたちから物語への問いを引き出す活動としても機能する。

　しかしながら初発の感想と同等かそれ以上に、物語についてある程度の解釈を持ち始めた単元中盤での問う活動を大切にしたい。このタイミングでの問いを引き出し、交流させ、解決を図ることで、また新たな読みの視点を見いだすことにつながる。

　例えば物語『大造じいさんとガン』で考える。学級で数時間をかけて物語を最後まで読み終えた後からが、この活動のスタートである。まずは大造じいさんに対する問いを学級全員で書き出す。「どうして残雪を撃たなかったのか」「堂々たる残雪の姿に何を感じたのか」「なぜ春の朝に残雪を放ったのか」「どんな気持ちで残雪を見送ったのか」など、物語を読み終えたからこその様々な問いが思いうかぶだろう。その次にその問いをすべて集め、一人ひとりがランダムに引いていく。思いもよらなかった問いや自分も考えたかった問いと出会うことだろう。そして大造じいさんになったつもりでその問いに答えてみるのである。自分の読みを総動員して問いに答えたら、その問いを書いてくれた友達にその答えを渡すのである。最後はその答えについてお互いに交流を行う。このように問いを書き出し、偶発的な出会いに導かれその問いに答えることで、ある程度固まりかけてきた物語への解釈に新たな風が吹き込まれることとなる。

　このような活動の中で、物語の本質が少しずつ見えてくる。そのような本質に迫ることができた問いをみんなで吟味することが、問いの深まりにつながる。

質問で仮想ディベート

NO 24

ねらい 反対の立場から質問を考える

人とコミュニケーションをするからには、かたよりなく公平な態度で臨みたい。しかし人はどうしても、自分の意見に固執してしまうものである。問いの力を借りることで、広い視野で物事を考える活動を紹介する。

　筆者もしばしば反省を強いられるが、相手の立場に立って物事を考えることは簡単なことではない。配慮の足りない言動や行動をしてしまい、自責の念に駆られた経験は、誰でも一度はあるだろう。しかし、人はどうしても自分を中心にして物事を考えてしまいがちである。たくさんの苦い経験をしてきた筆者でも反省の日々であることを思えば、小学生はなおさらかもしれない（もしかしたら筆者よりはましかもしれないが）。

　そこで広い視野を身につけるために、問うことを生かした活動を紹介する。この活動は道徳科や国語科で人物の心情を考える際に役立つ。それだけではない。日常生活で相手の気持ちを考える際にも役立つだろう。学校では「思いやりをもちましょう」と教師は声かけをし、「思いやりをもちたい」と子どもは願うが、思いやりをもつとはどういうことなのか、この活動は具体的に示してくれる。

　この活動は、自分とは違う立場の意見が出てきたときに活用できる。例えば平和学習で「日本は平和な国だと言えるか」ということをテーマに議論するときを思い浮かべてみよう。このとき「日本は平和だ」「日本は平和ではない」という両極の立場に分かれるだろう。そうすると、「日本は平和だ」と考える

子どもたちは、なぜ日本が平和なのかということについて理由や根拠を考える
だろう。夜間の外出も比較的安心なほどの治安のよさや、四季折々の豊かな自
然などを挙げてくるかもしれない。一方、「日本は平和ではない」と考える子
どもたちは、なぜ日本が平和ではないのかということについて理由や根拠を考
えるだろう。テレビから流れてくる日々の悲惨なニュースや、海や川に浮かぶ
ゴミなどを挙げてくるかもしれない。ある程度お互いに理由や根拠が準備でき
たら、いざ議論が始まる。互いの考えをぶつけ合って、納得できる部分は納得
し、譲れない部分は譲らない。よくある学校での対話的な活動の一幕だろう。
ここに問いのエッセンスを加える。

　自分の立場についての理由や根拠を考えることに加え、相手の立場からも考
えてみるのである。例えば「日本は平和だ」と考える子どもは、「日本は平和
ではない」という立場に立つのである。そのうえで、相手の立場から自分の立
場に対して問いを投げかけてみる。「毎日恐ろしいニュースが流れているの
に？」「不登校の数が増えているのに？」「環境破壊が進んで生き物が暮らせな
い海や川になっているのに？」といったように「それでも平和と言えるのか」
と、本来の自分の立場に突き付けるような問いをあえて考えるのである。これ
を筆者は仮想ディベートと呼んでいる。脳内で、自分と対立する立場の人物を
イメージし、その人物とディベートをすることで多面的に考えてみるのである。

　このような自分とは違う立場の人物が考えそうなことに思いを巡らせ、それ
に対する答えを自分なりにもち合わせようとしてみるのである。この過程で
「やっぱり日本は平和じゃないかも…」と考え直す子どもも出てくるだろう。
それでよい。常に完璧な答えなど存在しないのだから。その欠点や不足を意識
することこそが重要であり、それも含めて自分がどの立場を取りたいかという
ことなのである。このように考えることが、広い視野に立つことであると筆者
は考える。ちなみにここまで本書をお読みくださった皆さんならお気づきだろ
うが、先に示した問いはすべて「深める問い」の「矛盾を指摘するための問い」
である。この問いは子どもたちが（おそらく大人も含めて）なかなかコミュニ
ケーションの中で引き出せない問いでもある。授業者が意識的にこのような活
動を設定することで、この高次な問いを子どもたちが見いだすことにつながる
と考える。

NO 25 学習プログラム「トークタイム」

ねらい　対話交流の中でメタ認知する

自分の質問力を客観的に把握するための学習プログラムを開発した。「引き出し言葉」で友達の考えを引き出す役割とやりとりを観察する役割を設定した対話活動である。

リスナー

モニター

　話し言葉のやり取りは、音声として表出されるとすぐに消えてしまう。そのため、自分がどのように話しているのか、どのように聞いているのかを自己評価することは簡単ではない。自分のことを客観的に捉えることがまだまだ難しい小学生にとっては、なおさらである。そこで、自分が話したり聞いたりする姿、相手に質問する姿を客観的に把握するための活動を開発した。「トークタイム」と名付けたこの学習プログラムは、拙著『１回10分！　トークタイムできく力を育てるストラテジック・リスニング』（2020年、明治図書）に、より詳細にまとめているのでぜひ参照いただきたい。

　上の写真はトークタイムの活動の様子である。子ども同士が向かい合い、テーマに基づいて話し合っている。この子どもたちを「リスナー」と呼んでいる。役割としては話すことなのに、なぜ「スピーカー」としないのか。それは、コミュニケーションでは話し手と同等かそれ以上に、聞き手の存在が重要であるという筆者の考えがあるからである。国語教育の大家である芦田恵之助は「聞き手は聞いて育つ。話し手は聞かれて育つ。」と述べた。問う力も含めた、学級のコミュニケーションを育むためには、話す力よりもまず聴く力を鍛えるべ

きなのである。

　話が少しそれてしまったが、この「リスナー」は「引き出し言葉」のリスト
を念頭に置きながらテーマに沿ったやり取りを行う。引き出し言葉とは、やり
とりを円滑に進めたり、内容をブラッシュアップしたりするために必要な問い
かけである。もちろんこの引き出し言葉は様々に考えられるが、筆者はあえて
5つに絞って子どもたちに提示している。そうすることで子どもたちが無理な
く引き出し言葉を使って質問する活動に取り組めることを意図している。引き
出し言葉の一覧と、それぞれの言葉の意図を下表にまとめた。

引き出し言葉	引き出し言葉の意図
～について、 どう思う？	テーマに基づいた話のきっかけとする 自分の意見に対する受け止めを聞く
例えば？	相手の考えの具体例を聞く
つまり～ってこと？	自分の理解の正確さを確かめる
なんで？	相手の考えの理由を聞く
ほかには？	相手の考えをさらに広げる

この5つの質問には、以下の色を割り当てている。

赤：「どう思う？」
黄色：「例えば？」
紫色：「～ってこと？」
青色「なんで？」
緑色：「他には？」

　なぜこのように引き出し言葉に色を割り当てるのか。それはモニターの子ど
もが話し合いを分析するために活用するからである。次ページのワークシート
は、モニターの子どもが話し合いを分析するために書き込むワークシートであ
る。実際に2年生の子どもが使用したものを紹介する。

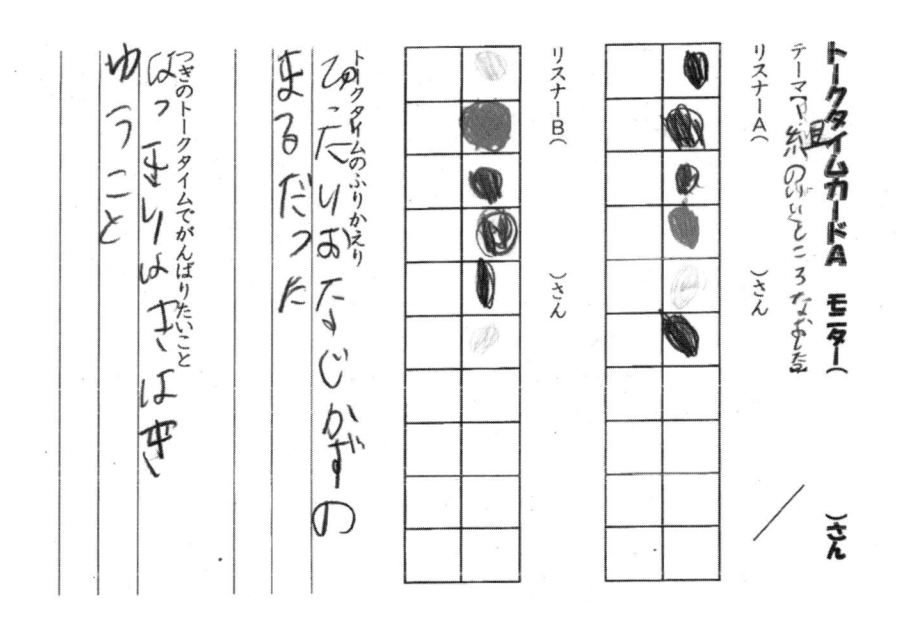

ワークシートの右側に丸が描き込まれている部分がある。カラーでないとわかりにくいが、色丸になっている。モニターの子どもは、リスナーＡとリスナーＢのやり取りを観察しながら、リスナーが引き出し言葉を使用したタイミングでそのリスナーの枠に色丸を描き込むのである。なお、色丸は先に紹介した５色に加え、どの引き出し言葉にも当てはまらない質問が出てきたときには黒を使って描くこととなっている。合計６色の色丸を描き分けるために、モニターはリスナーの２人がどのタイミングで、どんな引き出し言葉を使用しているのかに注意を払いながら観察する。

　このトークタイムの実践における引き出し言葉は、当然問いである。つまり、トークタイムは子どもたちの問う力を高めるための実践なのである。

　具体的にワークシートを見てみると、リスナーＡは黒・紫・青・赤・黄・黒の順で色丸が描かれている。つまり「ほかには？」以外の質問を、やり取りの中で行えたということである。一方リスナーＢは黄・赤・緑・緑・紫・黄の順で色丸が描かれている。立て続けに「ほかには？」（緑色）という問いを投げかけたということがわかる。話題に関連する相手の考えを多く引き出そうとし

たことが推察される。このように丸の色やその配列を見ることで、やり取りの中で出された問いを分析することが可能となる。ちなみに、このときのトークタイムは、筆者が担当した2年生に初めて実施した回で、テーマは「1組のいいところ・なおしたほうがいいところ」であった。このテーマ設定は、学級生活を子どもたちが見直すためのものである。このようにテーマ設定は、子どもたちの実態や、他教科との関連も踏まえて柔軟に設定することができる。

　ワークシートの左側は文章によるやり取りの分析となっている。あらかじめ設定されたトークタイムの時間を終えた後、リスナーとモニターとで自分たちの話し合いを一緒に分析するのである。リスナーは話すことに精一杯だったとしても、話しながら感じたことや考えたことがなかったかを振り返っていく。高学年になると「あのときの質問がとても答えにくかった」「目を見て一生懸命話を聞いてくれたので安心しながら話せた」など、話し合いの途中の受け止めもしっかりと覚えていて、振り返りに活用することができる。ただ、だれもが話し合いのときの自分たちの話の内容ややり取りを覚えていられるわけではない。そこでモニターが話し合いを観察していた感想を、リスナーに伝えるのである。リスナーからしてみれば自分たちのやり取りに対する客観的な振り返り情報を得ることができるというわけである。自分がどのように話したり聞いたりしているのかという情報は、普段なかなか得ることができない。周りから指摘されて初めて気づくこともあるだろう。客観的に自分のコミュニケーションを見つめ直すことは、メタ認知にもかかわる点である。

　紹介している実際のワークシートを見てみると、「トークタイムのふりかえり」には、「ぴったりおなじかずのまるだった」と書かれている。二人のやり取りの中で見られた質問数に意識が向いているのである。色丸としてあらわさない限り質問数を把握することは難しいだろう。また、「つぎのトークタイムでがんばりたいこと」として「はっきりはきはきゆ（い）うこと」を挙げている。やりとりを分析する中で、まずは相手にしっかりと声を届けるということが重要であることに気づいたのである。「大きな声ではきはきと話しましょう」と教師に指摘されてからコミュニケーションを修正するのではなく、自分たちの気づきや必要感によってコミュニケーションを見つめ直すことができている。これは、実際のやり取りに基づいた振り返りだからこそ、子どもたち自身が気

づき得たのではないだろうか。このような子ども主体のコミュニケーション教育を土台にしながら、問うことの指導を展開していく必要があるだろう。

　ここまでが「トークタイム」の大まかな説明である。では実際にどのようにこの活動を教室で展開していけばよいのだろうか。

　筆者は先述の拙著タイトルにもあるように、１回10分以内でこの学習を終えることを目標とするようにしている。なぜならば１回の時間が長くなればなるほど、実施のためのハードルが高くなり、コンスタントに実施することが難しくなるからである。年間を通してトークタイムをこまめに実施するためには、授業のすき間時間や、朝タイムなどの帯単元を活用することが効果的である。そのためには一回の実施時間が長いと不都合が多くなってしまう。１回10分でこのトークタイムを実施するためには、以下のようなタイムスケジュールが考えられる。

【トークタイム：活動の流れ】
●プリントの配布およびテーマ確認（１分）
●テーマに沿ったトーク（５分）
●モニターとリスナーによる振り返り（３分）
●教師からのフィードバック（１分）

　テーマについては、可能な限り事前に子どもたちに知らせておくことで、時間の節約になるとともに、子どもたちにとっては話す内容の準備時間の確保にもなる。可能な限り後の活動に時間を取っておくためにも、最初の１分は可能な限り効率よく進めていきたい。

　また、このトークタイムで大切にしたいのは最後の教師からのフィードバックである。このフィードバックは時間にして１分である。読者は短いと思うだろうか、長いと思うだろうか。筆者の感覚で言えば、１分もあればかなりの情報量を子どもたちに伝えることができる。逆に長い時間かけて子どもに話すことで、要点が増えてしまい子どもたちにとっては納得感が減ってしまうことにもなってしまう。教師はこの１分に全力を注ぐのである。子どもたちの今しがたのトークタイムの様子を観察した感想や、前回のトークタイムの感想を整理

して子どもに伝えるのである。それもたくさん伝えてはだめで、せいぜい1個か2個に絞らないといけない。だから教師は頭をフル回転させる必要がある。子どものやり取りから、子どもたちの質問力を高めるために必要な助言を即座に選び出さないといけないからである。

　試しにこのときのトークタイムの実際のやり取りを見てみよう。あなたならこの2人のやり取りを見て、どんなことを価値づけるだろうか。

A：1組の落とし物、なくし物をゼロにするためにはどうしたらいいと思う？

B：私は落とし物をゼロにするために、みんな協力してから物をゼロにするために使った物はすぐにしまうっていうことをすればいいなと思いました。

A：なんでそう思うの？

B：だって使った物をすぐにしまわないと落ちてからなくなっちゃったり、誰か足で踏んじゃったりしてから汚れがついたりしちゃうから。

A：そう思う？

B：うん。思う。

A：私は、鉛筆がなくなるなら、使ったらすぐにしまっとけばいいと思う。

B：なんでそう思うの？

A：筆箱の中にしまっていたら、あまり落ちたりしないから、筆箱の中にしまったほうがいいと思う。

　下線で示したように、AさんもBさんもお互いに上手く質問を出し合いながらやり取りを展開している。筆者であれば、滞りなく質問を交えながら話しているこのスムーズさを価値づけるだろう。質問をしようと意識するとどうしてもやり取りがぎこちなくなりがちである。ましてやこのときの2年生にとっては、初めてのトークタイムである。コミュニケーションの流れに沿って、円滑に質問を駆使できていることをまずは認めてあげたいと思うのである。もちろん子どもたちの実態に応じて、教師からのフィードバックは適切に選ばれなければいけない。高度なやり取りを展開しているからといって、すぐにそれに飛びついてしまってはよくない。他のグループにとっては「そんなこと言われても自分たちはまだ引き出し言葉を使うのに必死だよ」となってしまい、クラス

の中に取り組みの差が生じてしまうことになりかねないからである。子どもたちの実態によっては、まずは大きな声で相手に聞こえるように話せているところから価値づけることをし、スタートしてもよいのである。

　子どもたちのその場のコミュニケーションを分析し、フィードバックする内容を選び出してもよいが、前回のトークタイムの振り返りを見て価値づける内容をじっくり選ぶのもよい。慣れるまではこちらの方がじっくりフィードバックの内容を考えられるのでおすすめである。この時の実際のワークシートの感想と考えられる価値づけの内容を以下に示す。

> つぎのトークタイムでがんばりたいこと
> 質問すると色々なことを知れていいからもっと質問したいと思います。
>
> **どのように価値づけるか**
> ➡ 質問をしてみていろんなことが知れたんだね。いろいろなことを知れたら、話し合ってよかったと思えますよね。質問することのよさに気づいていて、とってもすてきです。

> つぎのトークタイムでがんばりたいこと
> 色々なトークをしていろいろしつもんするのもいいけど一つのしつもんをじっくりするのもいいと思ったのでしてみたいです。
>
> **どのように価値づけるか**
> ➡ たしかに一つの質問でじっくり考えるのもいいね。でも○○さんはどうしてそう思ったの？その理由がとっても先生は知りたいな！

つぎのトークタイムでがんばりたいこと
はなしあいのながれにかんれんした、はなしを作って、スムーズ
にはなしあいをしたいです。

どのように価値づけるか
➡話し合いの流れに関連したっていうのがとってもするどいね。
ちなみに話し合いの流れに関連した質問とそうでない質問って、
どんな風に違うの？別の授業でも、もし話し合いの流れに関連
した質問に気づいたら、そのときにぜひ先生に教えてね！

一つ目の価値づけは、質問することのよさへの気づきである。質問すること
のよさを実感することは、質問力の第一歩である。丁寧に価値づけていきたい。
二つ目の価値づけは、問いの構造化である。一問一答のような質問をテンポよ
く繰り返すことや、大きな問いをじっくり対話しながら探究することは、そこ
での問いの構造によって左右される。そのことに近づくような気づきである。
非常にレベルが高い。三つ目の価値づけは、問いの適切さである。話の内容に
沿わない質問は当然ながらコミュニケーションの停滞を招く。話し合いの流れ
に関連しているか否かの判断力も含めて、ぜひとも身につけてほしい視点である。

　あらためて確認したいことは、この振り返りを書いたのは小学校2年生とい
うことだ。それも初めてトークタイムを経験した子どもたちである。もちろん
学習経験も含め、学級の実態によっても異なるだろうが、子どもたちはこれほ
どまでに自分たちの質問力を見つめ直すことができるのである。継続的にトー
クタイムを実施することで、子どもたちの質問力は着実に高まるはずだ。

　本書で紹介したトークタイムの方法以外にも、冒頭でお示しした書籍では
様々なバリエーションのトークタイムを紹介している。そこでは低学年と中学
年、高学年とでトークタイムの人数や役割を細かく変更したり、ワークシート
の内容に変化をつけたりすることが推奨されている。ぜひ読者も自分なりのト
ークタイムの実施方法を編み出していただきたい。

NO 26 モラルジレンマへの挑戦

正解のない問題に多様な問いが引き出される

大人でも答えに迷ってしまう難問モラルジレンマ。その難問の解決を目指して、質問力を駆使する子どもたち。道徳科の時間を活用した、質問力の向上を目指した実践を紹介する。

　モラルジレンマとは道徳的な葛藤を示す。モラルジレンマという言葉自体は耳慣れないかもしれないが、日常生活を注意深く観察すると、子どもたちも様々な道徳的な葛藤を経験している。例えばドッジボールが得意な男の子がいるとする。休み時間にドッジボールをしていると、その日は調子が悪く、いよいよ内野には自分とドッジボールが苦手な女の子だけになってしまった。すると、ボールが女の子の方に転がってきた。女の子は、「私の代わりに投げて」と慌てて男の子にボールを差し出している。男の子はどうすべきだろうか。勝負事を優先し、ありがたくボールを投げさせてもらうことも考えられる。そこから逆転勝利のきっかけをつかむことができるかもしれない。一方で、女の子にボールを投げさせるということもあるだろう。ボールを投げることで、女の子ももっとドッジボールを楽しめるかもしれない。このように、二つの判断で悩む男の子は、まさにモラルジレンマを経験し、その解決を求められている。

　このようなモラルジレンマの具体的な場面を子どもに提示すれば、一様に様々な反応が返ってくるだろう。「自分で投げるべきだ！」「女の子に投げさせてあげるべきだ！」という主張とともに、「なぜなら…」という理由づけもなされるはずだ。その子なりの人生経験や、ものの考え方などが反映されて創り

**　　ワークシートの交流**

スの中で存分に交流させることができる。

の意見をワークシートにまとめた後、隣に座っている友達

ある。右の子どもが、左の子どものワークシートを読ん

もがのぞき込んでいる。自分なりの意見をしっかりまと

こそ、相手の受け止めが気になるのだろう。それだけで

自分なりの意見をもてたからこそ、友達の意見を丁寧に

ちが生まれているに違いない。モラルジレンマという、

つからない、だが自分たちの日常に確かにみられる課題

ちは解決に向けて真剣に対話することができるのだ。質

、真剣な対話だからこそ、子どもたちの内発的な問いも

くのである。

ジレンマと、それを扱った学習のイメージを伝えてきた。

展開で学習を進めていけばよいのだろうか。筆者が２年

った実践を紹介することを通して、モラルジレンマを用

高める指導について説明したい。もちろんこれは一例で

を題材とした質問力育成は、多様に考えられるだろう。

　筆者がこの時間のモラルジレンマとして扱ったのは、間違いを正そうとする
気持ちと、相手を思いやる気持ちの葛藤である。実際に学校生活の中であった
場面を教材化して、子どもたちに提示した。もちろん登場する人物名は子ども

熱意はきっと子どもに届く。

東洋館
出版社

たちと関わりのないものである。少し長くなるが、以下に教材文を示す。

どっちがいいのかな

　今日から算数でかけ算の学習がはじまります。かなこさんたち2年生のみんなは、かけ算の学習がはじまることをとてもたのしみにしていました。「ぼく、九九をじつはちょっと知ってるんだよ！」「わたしのおねえちゃんがかけ算はたのしいって言ってたんだよね。」と、4時間目の算数の時間がまちどおしいのでした。

　学習がはじまると、先生がゆうえんちの絵を見ながら、問題を出してくれました。「じてん車は何台分ありますか？」「かんらん車一台につき、何人がのれますか？」と聞かれるたびに、かなこさんたち2年生のみんなは、いきおいよく手をあげて答えていました。するとたかしくんが、「ジェットコースターは3人分あります。」と答えてしまったのでした。すると何人かの人が、「えぇ？3人分？ちがうよー！」「ちがうちがう！3台分だよ！」と口々に言いました。たかしくんはこの人たちのはんのうを見て、まちがえたことがかなしかったのか、くやしかったのか、下を向いています。かなこさんはそんなたかしくんを見ていました。

　学習もあと少しでおわります。さいごに先生が今日の学習のまとめとして、「これがわかっていないと次の時間こまりますよ。かけ算は一つ分の数と何の数をかけますか？」と聞きました。こたえは「いくつ分の数」です。かなこさんが手をあげて発表しようとすると、たかしくんがさっと手をあげました。先生は「たかしくん、リベンジだね！」と言ってたかしくんをあてました。するとたかしくんは「ぜんぶの数です！」といきおいよく答えてしまいました。みんなは「え？」という顔をしました。かなこさんは、まちがえていることを伝えるか伝えないかまよってしまいました。さっきのたかしくんの顔がうかぶからです。

　波線で示した部分がまさしくモラルジレンマである。間違いは正されなければならない。しかし大切なクラスメイトの悲しむ顔は見たくない。どちらの思いも、かなこさんの立場になってみるとうなずける。

　この教材は、筆者が子どもたちに考えてほしいと思った日常生活の1コマを切り取って作成している。以前に似たような場面で、つい間違えてしまった友達に、「えぇ？」とあからさまな反応をしてしまい、その子が悲しくなって泣き出してしまったということがクラスの出来事としてあったのだ。友達を大切にしようとする気持ちや、相手の心を思いやろうとする態度。間違えていることは毅然と指摘し合える心地よい学習集団。本教材のモラルジレンマを解決す

写真2　ワークシートに自分の意見を書く
　　　　子ども

るための話し合いを通して、自分たちにとってよりよい集団を創り上げていく
ためのヒントを、子どもたちが手にすることができるのではないかと筆者は考
えた。

　教材文に子どもたちとともに目を通した後「かなこさんは、たかしくんがま
ちがえていることをクラスで伝えるべきでしょうか？理由もいっしょに教えて
ください」と指示されたワークシートを子どもに渡し、「たかしくんのまちが
いを伝えるべき」「たかしくんのまちがいを伝えるべきではない」という自分
の主張と、それを支えている理由を書くようにした（**写真2**）。子どもたち
は以下のように様々な理由を考えることができた。

● 「たかしくんのまちがいを伝えるべき」
　・たかしくんが同じ間違いをこれからしないようにするのがやさしさだから
　・言い方に気をつけたらわかってくれるはずだから
　・間違えたことはそもそもそんなにわるいことではないから

● 「たかしくんのまちがいを伝えるべきではない」
　・たかしくんの悲しい顔を見たくないから
　・たかしくんがこれで二度と発表しなくなったらだめだから
　・あとでこっそり教えてあげたらいいから

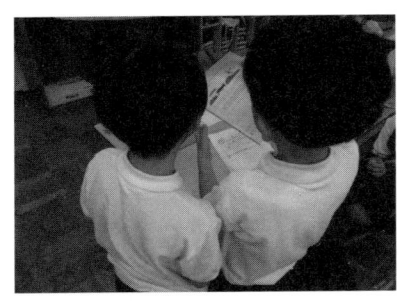

写真3 教室内を立ち歩いて自由に交流する様子

写真4 グループ交流の様子

　自分なりの考えをもつことができたら、つぎは友達との意見交換である。本節のはじめにも示した通り、モラルジレンマを活用した授業は、子どもたちの身近な問題場面を題材にするとともに、両極の立場を設定するので自らの意見をもちやすくなり、活発な議論が期待できる。**写真3** のように、立ち歩いて自由に交流をする時間では、子どもたちは教室を歩き回りいろんな人と意見を伝えあっている。**写真4** は、グループ交流の様子である。グループの中で意見が分かれたときには、「なんで間違いを伝えるの？だってたかしくん悲しむねんで？」「でも今伝えないと、これからずっとたかしくん間違え続けて一生恥ずかしい思いするやん！」と、どうにか自分の考えを受け入れてもらおうと、一生懸命話す姿が見られた。このような場面では、自然な流れで基本的な問いがどんどん出され、広げる問いをもとにお互いの考えを広げ合う姿が見られる。低学年であっても、時に深める問いが見られるほど、ぐっと深い内容に入り込んで議論する様子も確認できる。

　自由に交流した後、子どもたちと全体交流を進めていく。全体交流で大切なことは、どれだけ子どもが片方の意見に固まったとしても、決して反対の意見を否定しないということである。今回のテーマであれば「たかしくんのまちがいを伝えるべきではない」という意見をもつ子どもが、クラスの中でやや少ない様子であった。少数意見の子どもたちが委縮してしまわないように、数が重要ではないということ、自分とは反対の意見であっても粘り強く考えを聞くこと、これらを子どもたちに丁寧に説明したい。

　余談であるが、グループ交流の際、4つつなげた机の中央にICレコーダーを置くようにしている。筆者は、定期的に子どもたちのグループでのやり取りをこのようにICレコーダーで記録し、後から聞き直して、グループの子どもたちがどのようなやり取りをしていたのかを確認するようにしている。当然ながら授業時には気づかなかった子どもの様々なつぶやきや質問を確認することができる（時には聞かなかった方がよかったと思える授業の愚痴を言っているときもあるが…）。話し言葉は、基本的には音声として表出された後はすぐに消えてしまうという性質をもつ。板書を工夫し、子どもの声を記録しようと試みても基本的には消えていく声の方が多いのである。そこでICレコーダーを使用することで、子どもの声を丸ごと聞くことができる。話すこと・聞くことに関する実践や研究を行う筆者にとっては、ICレコーダーは必須なのである。

　話はそれたが、全体交流では両極の意見をバランスよく聞いていくことが大

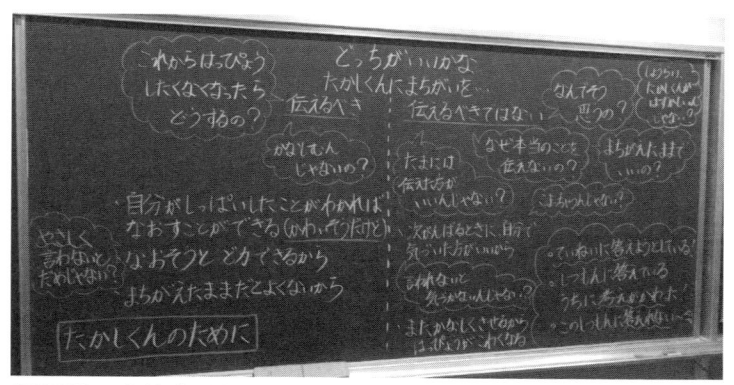

写真5　全体交流後の板書

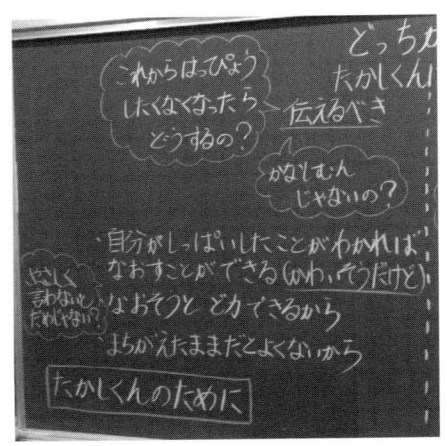

写真6 黒板の左側（「伝えるべき」の立場）

切である。**写真5**は、このときの板書である。

　黒板の中央の点線は、たかしくんに間違いを伝えるべきという意見と、伝えるべきではないという意見を区切る線である。どちらか片方の意見だけが黒板を埋め尽くしてしまうと、子どもたちも視覚的な情報をもとに考えが片方に偏ってしまう。そうなることのないように、たとえ自分の考えとは違う意見であっても相手の立場に立って議論できるように子どもたちを促している。**写真6**は「たかしくんのまちがいを伝えるべき」という子どもたちの板書である。こちらの意見は、黒板の左側に大きく整理している。

　全体交流のときには、意見を表明するとともに、その意見に対する意見を追加したり、質問を行ったりすることで、どんどん考えがふくらんでいくように板書する。**写真6**だと、「たかしくんのまちがいを伝えるべき」という意見に対して、「これからはっぴょうしたくなくなったらどうするの？」（広げる問い：主張を求める問い）「かなしむんじゃないの？」（広げる問い：コメントを求める問い）というような問いなどが出されている。このような問いを筆者は青の吹き出しで黒板に書き、子どもたちが友達からの問いを意識できるように支援している。友達の意見に対して、質問をすること自体がハードルの高い行為ではあるが、授業のなかで問いを繰り返して黒板に明示し、その解決をめぐ

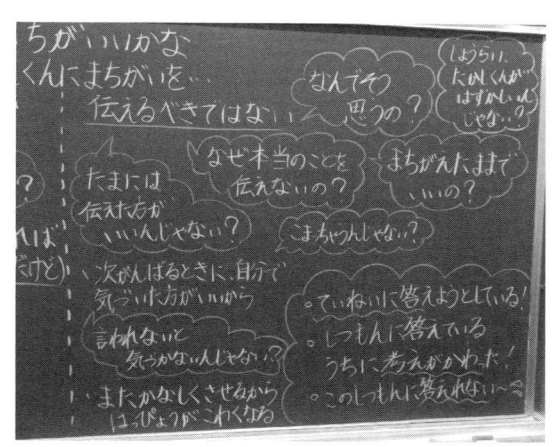

写真7　黒板の右側（「伝えるべきではない」の立場）

って話し合う活動を継続していくことで着実に子どもたちの質問力は高まっていく。この場面でも、子どもたちは「間違いを伝えるべき」だと主張する友達に対して、たかしくんの気持ちを案じるような問いかけを行っている。問うことを通して、たかしくんの気持ちに配慮する必要性を主張しているのである。

　一方、**写真7** は「たかしくんのまちがいを伝えるべきではない」と考えた子どもたちの意見を整理した板書である。

　「なぜ本当のことを伝えないの？」（広げる問い：理由を求める問い）や、「まちがえたままでいいの？（だめだよね？）」という深める問い（矛盾を指摘するための問い）に近い質問も出されている。こちらの立場の意見は、支持する人数が少ないこともあり、反対論者から多くの質問が出されていた。子どもたちと質問への返答に頭を悩ませつつ、板書とともに少しずつ子どもたちの考えも膨らませていくことができた。

　このように、モラルジレンマに挑戦する実践は、子どもの問いを自然と誘発するという意味で、質問力の向上にはうってつけである。日々の道徳の授業を、本章を参考にしながらブラッシュアップしていくのはどうだろうか。

NO 27 クラスや学校の オリジナルマークをつくろう

ねらい 合意形成に向かう質問力をきたえる

特別活動では、合意を形成する力を育むことが目標の一つである。互いが納得できる結論を導くためには質問が欠かせない。特別活動の時間で質問力を高める実践を紹介する。

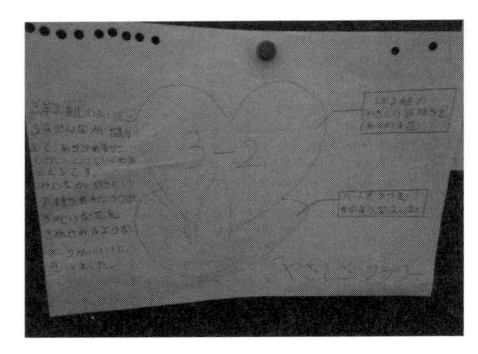

　上の写真は、「やさしさフラワー」と題された、クラスのオリジナルマークである。子どもたちには特別活動の時間に次のような課題を出した。

> 　自分たちのクラスのよいところ、ほかのクラスにはない特ちょう、クラスのみんなでめざしたいこと、こんなクラスだったらいいなと思うことなどをあらわしたオリジナルマークやマスコットキャラを考えてきてください。

　ここで紹介する実践は、子どもたちが自分たちのクラスのよさを発見し、そのよさを反映したオリジナルのマークやキャラクターをデザインするという活動である。この活動は、自分たちのクラスのよさを見いだしていくことが重要であるため、その話し合いの過程で自分が所属するクラスの成果と課題を発見することができる。よりよいクラスづくりにも役立つ活動であり、特別活動の学習の一環として取り組むことで、クラスへの帰属意識も高めることができる。

　なお、同様の活動はクラスではなく学校を対象に実施することも可能である。

つまりクラスの特徴を反映したオリジナルマークやキャラクターではなく、自分たちが通う学校の特徴を反映したマークやキャラクターを作成するのである。自分たちの学校のほこるべきところはどういうところか、みんなに知ってほしい特徴的な取組などを考えるため、学校のことについてより詳しく知っているであろう高学年の方が活動は盛り上がるだろう。6年生がデザインする学校のマークやキャラクターは、そのまま6年生にとっての学校に対する受け止め方を表している。自分たちが過ごしてきた学校をどのように捉えているのか、できあがったマークやキャラクターを見ることでよくわかる。学校への愛着を高める上でもおすすめの取組であるといえる。

　この実践は、以下の流れに沿って行う。

> ▷ **活動の流れ**
> ①自分なりのオリジナルマークやキャラクターを考える
> ②グループで話し合って持ち寄ったアイデアを形にする
> ③クラス内投票でベストアイデアを決める

　この実践を通して質問力を高めていく。そのために最も重点を置くのは、②のグループ内での話し合いの活動である。ここでアイデアを形にするために、グループ内のメンバー同士で様々な意見を交流しなければならない。そこに問うことの必要性が生じてくる。友達はどんな意見をもっているのか、なぜそのような意見をもっているのか、自分とはどのように違うのか、もっと他によいアイデアはないかなど、様々な問いを駆使しながらアイデアを形にするという目的を達成しなければならない。しかも、ただ形にするだけではなく、みんなの考えが反映され、メンバーの納得も得られていなければならない。声の大きなひとりの子どもの、鶴の一声ではだめなのである。

　このような状況は当然大人社会でもある。教師も、職員会議で行事について議論しなければならないときがあるだろう。研究授業を学年で検討するときに、よりよい授業を形にするための議論をするだろう。そのような意味で、本実践はまさしく子どもがこれからの社会で活躍するために必要な力を育てることとなる。子どもたち一人ひとりの参加の仕方を丁寧に観察し、これからの成長に役立てていきたい。

図1 モデルとして教師が作成したイラスト例

（れい）オリジナルマスコットキャラクター「せいぎのみかた！モグモグマン」

給食の時間を大切にする！みんなでのこさないようにモグモグ食べるよ！

せいぎのみかたのコスチューム！みんなで正しいと思うことをやりぬくクラスに！

こまっている人や、かなしんでいる人がいたら、すぐにこの板に乗ってかけつけるからね！

明石の有名な食べ物「明石やき」地域とのつながりも大切にしたいな。

　では、本実践の具体的な展開について、３年生の子どもたちに行った実際の取組をもとに紹介していく。まずは子どもたちへの導入のステップである。①自分なりのオリジナルマークやキャラクターを考える、として子どもたちに次のようなイラスト例を提示した（**図1**）。筆者の勤務地で有名な明石焼きや、好物であるラーメンをデザインに取り入れたキャラクターを例に挙げた。さらに「正しいと思うことをやりぬく」「給食の時間を大切にする」「困っている人を助ける」「地域とのつながり」など、クラスに込めた願いを反映させることも強調した。このようにクラスのよいところや、他のクラスにはない特徴、みんなで目指したいことをキャラクターやマークとしてデザインするというイメージを子どもに伝えることとした。そのうえで、クラスでの話し合いに向けて「上手に描けなくても大丈夫！イメージがわかるように簡単に描いてみよう！」という指示を出した。大事なのは見た目の美しさではなく、デザインに込めたコンセプトである。子どもによっては、「上手に描けないから話し合いたくない」という場合も考えられる。そうならないために、上手さよりもそこにどんな考えを込めるかということが大事であることを、何度も子どもたちには強調して伝えた。

　子どもたちがデザインを持ち寄ることができたら、いよいよ話し合いである。

　ここでは、子どもたちの問う力を存分に発揮させるとともに、問う力を育てるかかわりも意識しなければならない。質問をする必要がある活動の場を設定

表1 「広げる質問」リスト（子ども用）

	質問のしゅるい	じっさいの発言
広げる質問	相手の考えを　　たずねる質問	（○○について）どう思う？　あなたはどんな考えを持ってる？
	自分の考えへの　　意見を聞く質問	（わたしはこう考えているんだけど）それについてどう思う？
	考えの理由を聞く質問	なんでそう思うの？　どう考える理由は何？
	わかっているかを聞く質問	（あなたの言っていることは）　～ってこと？

するだけでは不十分で、どのように質問をすればよいのかという指導をセットで行うことで子どもたちの問う力が高まるからである。そこで子どもたちには **表1** を示した。これは「広げる質問」のリストを子どもの言葉で書き直したものである。

　中学年の子どもは、問う力のカリキュラムに沿って考えると問うことの指導の成長期にあたる。この成長期では、問うことの量を増やすことに重点を置く。そのため日常的な問いの中でも、使われることの多い「広げる質問」を学ぶことで、学習場面での質問の活用を促すねらいがある。本実践でも、クラスの特徴が表現されたデザインを決定していくためには、まずお互いの考えを広げ合うやり取りが不可欠である。そのようなやり取りに適しているという意味でも、このタイミングで「広げる質問」について学ぶことは大きな価値がある。

　子どもたちには、「広げる質問」のリストを提示しながら、一つ一つの質問の種類について解説を行った。解説を聞く子どもたちは「その質問だったらいつも使っているよ」「たしかに『なんで？』って質問は必要だな」と、新たに学ぶ質問について、自分の日常生活と結びつけたり、質問の効果を確かめたりしながら、「広げる質問」への理解を深めることができた。このような生活場面での関連づけや、問うことの効果の認識を促すことは、他の場面でも質問を活用できるような学習者を育むうえでは非常に重要なアプローチである。

　「広げる質問」に対する理解を深めたら話し合いの開始である。しかし、本実践ではその前にもう一つ工夫を行った。それは問いの見える化である。「広げる質問」に対する理解を深めたうえで、実際にその質問が話し合いの中でど

表2 「広げる質問」をカウントするワークシート

	質問のしゅるい	じっさいの発言	田中さん	石田さん	友永さん
広げる質問	相手の考えを たずねる質問	(○○について)どう思う? あなたはどんな考えを持ってる?	正		―
	自分の考えへの 意見を聞く質問	(わたしはこう考えているけど) それについてどう思う?		T	
	考えの理由を聞く質問	なんでそう思うの? どう考える理由は何?	下		
	わかっているかを聞く質問	(あなたの言っていることは) 〜ってこと?		T	
	そのほかの質問(うえにあてはまらない質問)				―

れほど使われているのか見えるようにするのである。そのために次のようなワークシートを配布した。記入例とともに示す。

表2 のワークシートは、だれが、何回、「広げる質問」を使ったのかわかるようにするためのものである。話し合いと同時進行で、このワークシートへの記入も行なうのである。そうすることで次の2点のような効果が生まれる。

①自分の問うという行為を振り返ることができる
②もっと質問をしてみようという気持ちがわいてくる

①については、話し合いをメタ認知するうえで大変重要である。私たちは日々かなりの量のコミュニケーションを行っている。いろいろな人と、いろいろなことを話したり、聞いたりしている。しかし、自分が他者とどのように話しているのか、他者の話をどのように聞いているのかということについてはなかなか客観視することが難しい。書き言葉であれば読み返したり推敲したりすることで、ある程度自分の言葉を見直すことができるのだが、話し言葉は表出された瞬間に消えてしまうからである。そこでワークシートにあるように、どの質問を何回使用したかを記録することで、自分のコミュニケーションの様子を振り返る材料を手にすることができる。「自分は思ったより質問できているんだな」「相手に何度も同じ質問をしてしまっているな」というような気づき

写真1　グループ交流

　を得ることができるのである。だからこそ、「今度はもう少し質問の回数を押さえてみよう」「いろいろな質問の種類をバランスよく使ってみよう」といったコミュニケーションの改善を実現することが可能となる。

　②については、自分の質問が数値化される喜びや楽しみとつながっている。正の字でカウントされれば、多くの子どもがたくさん質問したくなる。複数の質問の種類の枠が準備されていれば、すべて埋められるように幅広い種類の質問がしたくなる。そのような子どものコンプリートすることへの意欲をうまく利用するのである。成長期の中学年では、問いの量を増やすということが重要であるということを述べたが、このようなひと工夫を加えることで、子どもの問う量は格段に増えるのである。

　話し合いでは、子どもたちは各自が持ち寄った意見を披露しながら、お互いの考えのよさを結集させたデザインを考えていく（**写真1**）。その過程で、自分が気づいていなかったクラスのよさを再発見することもあるし、友達の目の付け所に感心したりすることもあるだろう。テーマに基づいて自分なりに考えをもったうえでどの子も話し合いに臨むからこそ、自然と自分と友達の考えの比較が促され、様々な気づきを保障することにつながるのである。

　子どもたちは実際にどのようなやり取りを行っているのであろうか。二つのグループの子どもたちの発話の一部を以下に示す。

【質問で話を広げている場面（下線は質問を表す）】

Aさん：なんで野菜の絵にしたの？

Bさん：だって給食の時間に野菜を残す人もいるから。

Cさん：なんでニンジンの絵を描いたの？

Bさん：手に持たせやすいと思ったんだよ。そっちの方が描きやすいし。

Dさん：そういうことか。

Aさん：どんな名前がいいと思ってるの？

Bさん：とりあえず「やさしいレンジャー」にしたよ。

　このグループでは、広げる質問を巧みに使いながら、Bさんからデザインに込めた意図を聞き出している。Bさんも、じっくりとデザインを考えてきているので、相手の質問に的確にこたえることができるのである。このグループの子どもたちの話し合う様子を観察すると、何度も「広げる質問」のリストを見ている姿があったので、リストが子どもたちの質問を促すうえで効果的であったと推察できる。

【自分たちの質問を分析しながら話し合うグループ】

Eさん：さっきの質問は（ワークシートの）どこに書く？

Fさん：ここだよ。ここ。ここ。

Eさん：オッケー。

Gさん：ねぇ。「どう思う？」って質問まだでてないよ。

Hさん：じゃあ、Fさん。FさんはEさんの考えどう思う？

Gさん：Hさん質問上手だね～。

　このグループは、まず先ほど見られた質問がワークシートのどこに位置づくのか確認している。質問の種類を認識するためのやり取りと言える。さらにワークシートのカウントを見たうえで、「どう思う？」という質問が出ていないことに気づいたGが、グループのメンバーに伝えることで、意図的にHが「どう思う？」という質問を行っている。質問を分析できているからこそのやり取りである。

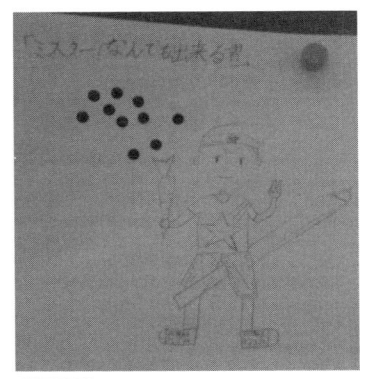

写真2　他班のデザインを鑑賞する　　　　**写真3**　投票の様子

　子どもたちは「広げる質問」を活用したやり取りを通して、各グループで思い思いのデザインを完成させることができた。そして **写真2** のように、自由に立ち歩いて他の班のデザインを鑑賞する時間を取った。グループのアイデアを比較し、最終的にクラスで一つのアイデアに収束させるためである。投票用のシールを一枚持って、他のグループのデザインを見ていき、「このデザインがいい！」と思った班のデザインにシールを貼る活動を行った（ **写真3** ）。最終的に右の写真のように、各班のデザインに複数枚、投票用のシールが貼られ、一番多いシールを獲得した班のデザインを決定した。

　この実践のポイントは、自分たちのクラスを表現するマークやキャラクターをデザインし、アイデアをまとめていくという、話し合う必然性を準備したということにある。必然性のある話し合いは、自然と質問を誘発する。問うことなしでは、互いの考えを質高く共有できないため、話し合いの目的も達成できないからである。そしてその高まった必然性とうまくマッチするように、「広げる質問」を指導しているということも重要である。問う力が自然に高まっていくという可能性は低い。だからこそ教師が意図的に指導できる場面を確保し、着実な指導を加えていかなければならない。その意味において、本実践に限らず、問う力を高めるためには、まず教師が必然性ある対話場面を設定することが求められよう。

NO 28 聞き書きプロジェクト「ほんものと出会う夏」

ねらい インタビュー活動で実践的な質問力を育てる

インタビューの成否を握るのは質問力である。豊かな情報を相手から引き出すためには、効果的な質問がインタビュアーには求められる。インタビューの情報をもとにひとまとまりの文章を書き上げる、学習プログラムを紹介する。

　みなさんは「聞き書き」（オーラルヒストリー）という活動を知っているだろうか。聞き書きについて、小田豊二は『「聞き書き」を始めよう』（木星舎、2012年）の中で次のように説明している。

> 　語り手の話を聞き、それをその人の「話し言葉」で書いて、活字にして後世に残すこと

　聞き書きには大きく分けて「インタビューで語り手から考えを引き出す」「引き出した情報を聞き書き作品としてまとめる」という2つの活動が含まれる。質問力を高めるためには、前者の活動が重要である。ここでは質問力の育成を目指した実践を紹介するため、インタビュー活動について詳しく紹介する。

　筆者はコロナ禍以降、相手の思いに寄り添える真のコミュニケーションを子どもたちと追究していく必要性を感じていた。物理的に他者との交流を断たざるを得なかったあの頃、その断絶が子どものコミュニケーション観を変えてしまうことを危惧したからである。よりよいコミュニケーションを追究することを通して、子どもたちにコミュニケーションを通して心を通わせる喜びを感じ

てほしいという思いを強くしていた。そこで目をつけたのが聞き書きである。

　聞き書きという言語活動は、小学校の子どもたちにとって難易度の高い、歯ごたえのある活動である。そのため小学生で実践する場合は、時間をしっかり確保する必要がある。少なくとも10時間程度は必要である。筆者は、より自由な時間の確保を目指し、希望者を対象にして夏休みに実施している。それが「ほんものと出会う夏」という聞き書きプロジェクトである。聞き書きプロジェクトでは、小学生が地域で働く大人（漁師、和菓子屋、学芸員など）を相手に、その人にしか語れない仕事観をインタビューで聞き出し、一人語り形式の聞き書き作品として仕上げることを目的としている。聞き書きを通してその人の仕事観に触れることで、「よりよく生きる」ということについても考えられるのである。一人語り形式とは、まるでその人が話しているような書きぶりを指す。本プロジェクトでは、次のような活動を積み上げていく。

▷ **活動の流れ**
①インタビュー相手にアポイントメントを取る
②インタビューの準備をする
③インタビューを行う（音声を記録する）
④音声を文字起こしする
⑤文字起こしした<u>文章を構造化</u>する
⑥聞き手のあとがきを書く

　下線で示した文章の構造化とは、「聞き手の言葉を消す」「一人語りとして読めるように加除修正する」「段落を整理し見出しをつける」「段落を組み直す」といったプロセスを示している。次のページに、筆者が子どもたちに示す聞き書き作品の例を掲載した。これを読むことで、少し聞き書きのイメージをつかむことができるはずである。もちろん必ずこの手順を踏まえなければいけないというものではなく、実践者によって手順を工夫して実施することは可能である。目の前の子どもたちの実態に合わせて、取り組みやすい形にするのがよい。

　聞き書き作品例に登場するMRとは、Medical Representatives（メディカル・レプリゼンタティブ）の略で、医療関係者に対して医薬品の情報を提供す

信頼関係が大切（MRとしてはたらくNさん）

一人語り形式の聞き書き作品

1. MRという仕事

　僕の今やってる仕事っていうのが、MRという仕事になります。内容としては、薬そのものを売るっていうわけじゃなくて、薬に付随してる品質情報とか有効性とか、安全性を先生にお伝えしています。先生がそれをいいか悪いか判断して、その宣伝した薬を使ってもらうその情報伝達業務っていうのが今の仕事です。イメージ的には、例えばその薬の副作用がどう出るのとか、伝える内容は副作用の種類、あるいはどれぐらいのパーセンテージでその副作用が出るのかとかですね。あとは例えば血圧の薬だったりしたら、その血圧の薬が臨床試験を組まれて、どれぐらいの血圧降圧効果があるのかなどです。プラセーボと比較したり、他の違うメーカーの薬剤を比較対象薬として、試験したときにどれぐらい血圧が下がるのかっていうような数値情報をお伝えするっていうことですね。臨床試験とかプラセーボってどういう意味か、ですか？まず臨床試験っていうのが、薬を世に出すためには、その試験を何個かやらないといけなくて、試験の名前を言うと第Ⅰ第Ⅱ第Ⅲ相ってそれぞれあって、その中で、まずは動物実験だったり、人でやったりとか、っていうのでどんどん有効性が本当にその薬にあるのかどうかっていうのを、試していきます。それが認められて、いいと思った段階で、薬を世に出す手続きをします。だから、できたからと言っても、薬がすぐに世に出るわけじゃないってことなんです。そうそうそう。なので臨床試験の中でそのさっき出たプラセーボっていうのが、和訳すると偽薬っていう名前ですね。偽物の薬。簡単に言うとその実際の薬と例えばラムネみたいな、同じようなやつを飲んで、どっちが効果があったかっていうのを見てみるんです。これやっぱ患者さんもどっちも薬だと思ってるから、プラセーボでもある程度効果が出たりするケースもあるんです。そう。プラセーボ効果とかって、聞いたことあるかもしれないんですけど、例えば世に出そうとしている薬が、プラセーボとそんなに差がなかったりしたら、有効性が認められないから世に出せないんです。効果がラムネと変わらない可能性もあるってこともありますよ。これはその統計学的な項目で有意差検定っていうのがあって、プラセーボと世に出そうとしてる薬にしっかりその有意差がついたら、出せるってことです。

　るのが主な仕事である。この聞き書きは、MRとして働く筆者の友人にインタビューを行ったものである。実際には、筆者がインタビューをしながら友人の語りを引き出しているわけだが、インタビュアーの言葉は消して、あくまでも友人の一人語りで話が展開するようになっている。一人語りの形式にするのは、インタビュー形式から文章を書き換えることで、インタビュアーである聞き手が改めて話し手の言葉と向き合うためである。

　ここからはいよいよ質問力を育むインタビュー実践の具体について紹介する。前のページで紹介したプロセスで言えば、②と③の部分である。

　まずインタビューの準備であるが、①でアポイントメントがとれた相手を想定したインタビューの下準備を行う。具体的には相手の仕事について、事前に調べられることは調べきっておく。「事前に調べたらインタビューをする意味がないのでは？」と質問されるが、それには2つの理由がある。

　1つは、「調べてわかるレベルの情報」と「その人にしか語れない情報」とを区別するためである。当然本プロジェクトの聞き書きの重点は後者にある。そのため事前に調べてわかる情報は調べきっておくことで、インタビューの最中に「あ！このお話はこの人にしか聞けない情報だ！」という判断ができるようになる。インタビューは、相手の時間をいただいてこちらが知りたいことを教えてもらうという活動である。相手への敬意をこめて、丹念に相手のことを調べる。

　もう1つは、よりよい質問を生み出しやすくするためである。本プロジェクトでは「○○というお仕事はどんなことをするお仕事なのですか？」という質問では不十分である。その質問で得られる情報はすでに調べたうえで、インタビューに臨んでいるはずだからである。「○○というお仕事では□□ということをしていると思うのですが、その中での苦労はありますか？」と、一歩踏み込んだ質問をしていく必要があるだろう。このように、相手の仕事の本質に迫るような質問を考えていくためには、その仕事に対する前提知識はもっておかなければならない。さらにインタビューの中で、自分の知らなかった情報、事前の下調べでは見つけられていなかった情報が語られたときに、いち早くその価値に反応し、追加で質問することも可能となる。臨機応変に質問力を発揮することにつながる。

　例えば、和菓子屋さんにインタビューする子どもは、事前に次のような情報を集めていた。「和菓子は含まれる水分量によって生菓子、半生菓子、干菓子に分けられる」「和菓子の魅力は季節感があること、手作りであること、口の中に広がる甘さ、芸術作品のような繊細さなどが挙げられている」「和菓子屋の魅力は、日本で長く続けられてきた伝統技術を繋ぐ仕事であること」といったものである。インターネットや書籍等で幅広く情報を集めていることがわかる。

　下調べが終われば、次にインタビューの質問計画を考える。先ほどの子どもは和菓子屋の方にインタビューするために、次の質問計画を立てていた。

和菓子屋になったきっかけはなんですか？
和菓子屋という仕事の魅力はなんですか？

和菓子屋をやっていて楽しいことはなんですか？

和菓子屋をやっていて嬉しいことはなんですか？

和菓子作りで工夫していることはなんですか？

一番好きな和菓子はなんですか？

和菓子屋という仕事で大変なことはなんですか？

いつから和菓子屋になりたいと思ったんですか？

　このように事前に質問を準備することで、質問が思いつかず焦ったり困ったりしてしまうことを防げるだろう。その一方で、相手の返答に合わせてその場で思いつく質問も重要である。むしろ、予定通りではないやり取りの中に、相手の本質が表れる可能性が高いことを考えると、そのような一瞬のひらめきによる質問こそ求めるべき質問かもしれない。そのような質問と出会うためにも、事前の計画が重要である。丹念な計画と、時にその計画を捨ててでも目の前の本質に飛び込む勇気が、聞き書きのインタビューでは大切である。

　続いて③インタビューを行う、というプロセスについて説明する。左の写真は実際のインタビューの様子である。プロジェクトの参加者である子どもたちは、事前に準備した内容を踏まえて、協力者である地域の大人に対して「その人にしか語れない仕事観」を引き出すためにインタビューを行っていく。

　インタビューでは、ほとんどの子どもがかなり緊張した出だしを迎える。それは協力者の大人も気遣うほどである（もちろん協力者の大人も控室では「と

ても緊張します！」と不安な気持ちを吐露しているのだが）。しかしながらその緊張感は、インタビューを行ううえでは非常に大切なものである。その緊張感はいったいどこから生まれてきているのだろうか。「うまく初対面の人と話せるかな」「相手の言っていることをきちんと理解できるかな」「聞きたかった質問ができるかな」といった不安が、おそらく緊張感の原因であろう。ただその不安は「うまくインタビューをやり遂げたい」という決意の表れでもある。中途半端な思いで相手の前に立つことは、このプロジェクトでは許されない。そのことは実践者である教師が丁寧に子どもに話をしておかなければならないだろう。だからこそ、生じる緊張感をごまかすような、気休めの声かけを教師はしないように心がけている。むしろその緊張感すら大切なコミュニケーションの学びとして、子どもたちにはしっかりと味わうようにさせたい。

　写真手前の協力者は、学芸員としての自分の仕事について子どもに語ってくれている。具体的な仕事内容から、学芸員として働くことになった経緯まで、聞き手である子どもに対して丁寧にインタビューに答えてくださった。このような語りを引き出せたのは、何よりも写真奥に座る子どもの真剣な聞き方に他ならない。インタビューに対して誠実に向き合っているからこそ生まれる、目の奥の真剣さが相手の語りを引き出すのである。事実、1回目のインタビューを終えた協力者が口をそろえて筆者に教えてくれたのが、子どもの一生懸命な聞き方であった。子どもの心のこもった聴き方が、語り手である大人の心をまた動かすのである。ここには、質問力の高まりにつながる重要なポイントがある。それは、今回のインタビューにおける問うという行為が、相手がいて初めて成立するものであるということである。だからこそ相手への誠実な態度が大切なのである。質問力は、決してその人物の中だけに閉じられたものではない。相手との関係があって初めて豊かに発揮されるものであるし、相手との関係が不十分であればどれだけたくさんの質問を思いついていて、相手に投げかけることができたとしても、それに見合う返答は期待できないのである。

　この聞き書きプロジェクトの醍醐味は、初対面の大人を相手に自らのコミュニケーションをフルに活用しながら、相手にしか語れない仕事観を引き出すという実戦の場が準備されていることである。だからこそ子どもたちは、普段学校で見せるようなリラックスしたやり取りではなく、緊張感や高揚感に支えら

れた真剣なコミュニケーションを求められることになる。一部であるが、学芸員の方へのインタビューの冒頭を紹介する。Ｓは子ども、Ｙは学芸員である。

Ｓ：じゃあ早速いいですか？えーっと、じゃあまず自己紹介からやったほうがいいかな。私は〇〇小学校４年生のＳです。よろしくお願いします。

Ｙ：よろしくお願いします。

Ｓ：神戸の方に住んでます。

Ｙ：神戸、はい。…、で、えーっと、□□市に住んでいます。Ｙです。

Ｓ：よろしくお願いします。じゃあいいですか？質問を。

Ｙ：はい。

Ｓ：じゃあまず１日の仕事がある日のスケジュールが聞きたいです。

Ｙ：はい、えっとね、仕事は勤務時間が８時55分からなので、８時55分までに職場に着いて、着くと、うーん、パソコンを開けて、メールの確認と連絡事項がないかどうかの確認をして、その後は自分のその日の指定されたスケジュールに従って仕事をやります。

Ｓ：えっとー、うーん、うーん、じゃあその指定されたスケジュールっていうのはどんな…

　最後に下線で示したＳさんの発言を見ると、Ｓさんがこの場で工夫しながら質問を練り上げようとしていることがよくわかる。その直前の「指定されたスケジュール」というＹさんの発言を聞いて、その瞬間にひらめいた質問を何とか言語化しようとしているのである。このような一瞬の判断を常に求められながら、インタビューは進行する。どの子どももインタビュー終了の時間になると「もう終わっちゃった…」と口惜しそうな感想を述べていた。それほどの集中力を要するのである。

　インタビュー後、子どもたちは可能な限り早くやり取りの文字起こしを行うとともに、自分のインタビューを振り返る。そして次のインタビューに生かすのである。このような成果と課題を踏まえた改善というプロセスを機能させるためにも、可能な限りインタビューは複数回実施することをお勧めする。「次はもう少しその場で考えた質問をやってみたい」「もうすこしインタビューのはじめに雑談をして雰囲気をよくしてから中身に入りたい」「その人にしか語

れないお話が出たと思ったら集中的に質問をする」といった、第2章で紹介したような戦略的判断と結びついた質問力の高まりが期待できるだろう。

　最後にある子どもが自分の聞き書き作品の最後に付した「あとがき」を紹介したい。この子どもは出版社の編集者にインタビューをしたのである。

　この子どものあとがきには、質問力の高まりを実現することに加え、聞き書きの様々な魅力が詰まっている。それは端的に言えば「自己・他者・対象との出会い直し」である。大人との対話（それは書き言葉との対話も含む）を通して、自分と向き合い、相手と向き合い、そして仕事観やコミュニケーションという学習対象とも向き合うことができるのである。そしてその出会い直しを支えてくれるのは、この子どもが最後の段落にまとめているような他者を尊重する気持ちではないだろうか。聞き書き活動は、子どもも大人も苦労が多い。効率化や快適さが叫ばれる今の時代とは逆行する学習活動である。しかしながら、その「めんどくささ」「居心地の悪さ」「非効率さ」の中にこそ「本当に豊かな」コミュニケーションの種が埋まっていると筆者は信じている。

エピローグ

編集者って、推し活？

ありがとうございました

　私は、編集者というのは一種の「推し活」のお仕事だな、とお話を聞いていて感じました。著者にほれこんで、自らお願いして、同じゴールまで一緒に進んでいく。推している側としては、推しと一つのものをつくり上げるのはこの上ない幸せで、勝手に興奮しちゃいます。

　そのお話の中でも特に印象に残っていたのが、八章の「自分がプレーするわけじゃない、けれどもいろんなアイデアとかを出して、一つの何かをまとめていく」という言葉。私はみんなを引っ張っていくリーダーに憧れているけど、一番リーダーに必要なこの視点が頭になかったと反省しています。その後、やっぱりプレーしてくれた人に感謝を伝えたり、思いやったりするのが大切なのかと思いました。しっかりとこの言葉を胸に刻んで、これからも良いリーダーを目指していきたいです。まずは、ゴールを設定してみようと思います。

　今まで考えていなかったこと、一人では考えられなかったことを、実際に体験した人から聞けるのがオーラルヒストリーのいいところだと改めて思いました。

　その機会を下さった友永先生、アポ取りから優しく見守ってくれた家族、沢山の学びをくださった大塚さんには感謝でいっぱいです。大塚さんには、はじめに緊張ほぐしとしてお話しさせていただいて、とてもうれしかったです。期待を裏切らないよう、精一杯頑張ります！ありがとうございました。

NO 29 問う姿をとにかくほめる

ねらい 質問することをすきにさせる

質問できる子どもにしようと思うのならば、質問することを嫌いにさせてはいけない。むしろ教師が積極的に問う姿を価値づけていきたい。ほめられていやな気持ちになる子どもは（もちろん大人も）いないのだから。

　ここからは問う力を日常的に育てる環境構成のアイデアである。子どもたちが問う力を高めるためには、数回の指導では十分ではない。繰り返される指導とセットで日常的な環境構成を行うことが効果的である。問う力を育むためにも「継続は力なり」である。ただし日々忙しい教師にとって、継続することは容易ではない。そこで、日常的な支援を、子どもたちを取り巻く環境にしのばせることで、問う力を高める継続的な指導を実現していくのである。

　問う力を日常的に育てる環境構成として、筆者が一番に挙げたいのは人、すなわち教師である。子どもにとって一番の学習環境として機能するのが教師であろう。どれだけ優れた指導をしていたとしても、授業者として子どもたちの問う姿を喜ばないのであれば、きっとそのネガティブな思いは子どもに伝わってしまう。その結果、次第に子どもたちは問うことをやめてしまうだろう。

　だからこそ問うことに対するポジティブな思いを子どもたちに伝えるためにはほめるのが一番なのである。問題は、どの場面で、どうほめるかである。まずは筆者がどんな場面で子どもたちをどうほめているか、思いついたいくつかの場面を書き出してみる。

①授業のメイン活動に入る前に子どもたちから質問されたとき

・先生が言い洩らしていたことを質問してくれたおかげで、みんなスムーズに活動できそうです。

・実はそのことについてはすでに説明したことだけれど、大切なことだからもう一度確認のために説明しますね。○○さんが言ってくれたこと、聞いていなかった人はもう一回聞き直せて助かるでしょうね。

・今から始まる活動にていねいに取り組もうとしているからこそ、しっかりと質問したくなるんですよね。積極的でよろしい！

②友達の発言に対して子どもが質問したとき

・今、○○さんが質問してくれたね。まず質問はしっかりと聞いていないとできないことだから、○○さんは友達の話を大切にできる人なんだね。

・さっきの○○さんの質問、そしてそれに答える□□さんとのやり取り。大変すばらしい。聞いていて先生も勉強になりました。今の二人のやり取り、聞いている人は理解できましたか？理解できているなら、その人もまたすばらしい。

　最後の例などは、聞いている子どもたちにもやり取りの理解を確認している。質問をしている子どもと、それに答えている子どものやり取りだけがどんどん高度化していき、空中戦になってしまうことがよくある。こうなると他の子どもたちはついていけず、話題に置いてけぼりになってしまう。すると質問をする子どもに対する、ついていけない子どもたちからのネガティブな反応が生まれてしまう。だからこそ教師が、質問をしている子ども以外の子どもたちをやり取りに参加させるような声かけを、適宜行うことが必要である。

　いずれにせよ、子どもたちに問う力をつけたいと思うのであれば、教師はほめ方のバリエーションをもっておかなければならない。そのためにも、まずは教師自身がなぜ問うのか、問うことのよさを、自分なりに考えておく必要がある。その考えがあるからこそ、子どものふとした問いを拾い上げ、自然と価値づけることができるのだから。

NO 30 問う時間を確保する

ねらい　ゆったりと問いを生み出す時間を保障する

授業に問いを取り入れることは時間がかかる。私たち大人はスムーズな進行をよしとするが、そういった考え方と、問いを大切にすることは真っ向から対立するときがある。どのような考えで問う時間を確保すべきだろうか。

　子どもの問いを大切にしたい。子どもが質問してくれたことに丁寧に答えたい。そう思えば思うほど、授業時間は過ぎていく。筆者は時に子どもの質問に答えているだけで、授業時間のほぼ半分が過ぎてしまうこともある。問いを大切にするということは、とにかく時間のかかることなのである。

　大人はとにかく予定通りに物事を進めたいと思いがちである。ひどい場合だと、予定通りに進まないことにイライラし始めることもある。授業でもそうである。子どもたちが質問をし、教師がそれに答えるという一往復のやり取りだけでもある程度時間がかかる。それが子ども同士でのやり取りであったり、質問した子どもが答えに納得がいかなかったりするとさらに時間がかかってしまう。筆者も経験があるが、それが研究公開の授業だと、もうパニックである。音を立てて頭の中の学習指導案が崩れ去っていく。

　これはほんの一例だが、予定通りにいかないことは多かれ少なかれ大人にとっては都合の悪いことなのである。教師が子どもの質問にネガティブな反応をしてしまう気持ちも筆者には痛いほどわかる。「さっきも言いましたよね！」「しっかり話を聞いていなさい！」「今質問する時間じゃないでしょ！（特に後で質問する時間を取るつもりもなかったのだが）」など、ぴしゃりと子どもに

言い放ってしまった経験は、読者にもあるのではないだろうか。

　だが、予定通りいかないことは、本当にそこまでよくないことなのだろうか。筆者は問いに着目した指導を始めた頃から、少しずつそう思わなくなった。むしろ子どもが問うべきこと、問いたいことを問わせることなく、すたすたと先に進むことの方がお互いにとってよくないと考えている。子どもが自分で解決したいという思いは削げ落ちていくし、中途半端な理解で先に進んでもどこかで行き詰まり、また最初の地点まで戻って説明し始めないといけなくなってしまったりするからである。そうなってしまうならば、最初から子どもたちに好きなだけ問わせる方が、むしろ効率的ともいえる。

　そのために読者には意識して取り組んでほしいことがある。それは「授業計画に５分間の質問タイムを組み込むこと」である。かんたんなことのように思えるかもしれないが、これを毎回の授業で常に行うことが大切なのである。質問タイムを組み込むタイミングはざっと次のように考えられる。

> ▷ **質問タイム**
> ・授業冒頭で前回の授業を踏まえた質問を受け付ける
> ・授業のメインとなる活動に入る前に聞いておきたい質問を受け付ける
> ・授業の終盤で本時の学びを踏まえた質問を受け付ける

　もちろんこのとき以外でも質問は随時受け付けたい。ただ、毎回５分の質問タイムを確実に予定に組み込んでおくことで、ある程度見通しをもって授業を進行することもできる。問うことに不慣れな教室では、最初はこの５分間で質問が出てこないことも考えられる。そのときは気にせず先に授業を進めよう。空いた時間の分だけゆとりをもって授業を進めることができるだろう。子どもが問いたくなったときに余裕をもって答えを追究できるゆとりを、教師も子どももももっておくことが大切なのである。

　常に問う時間が確保されていることで、子どもも安心して質問をすることができる。それが習慣化されれば、質問するという行為自体、その教室の中で当たり前になってくるだろう。

NO
31
問う側と答える側を
つなぐ

問いと答えを関連づけて認識させる

問いやそれに対する答えは、両方とも話し言葉である以上、記録できずにその場で
消えてしまう。子どもたちに問うことを意識させるためには、見える化が重要である。

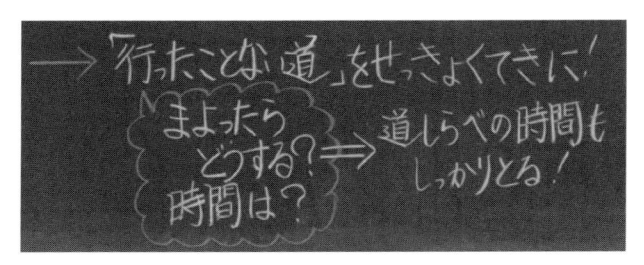

　日常のふとしたやり取りを思い浮かべていただきたい。あるいは授業中の子
どもたちの話し合いでもいい。そこにはもちろん問いが生まれている。そして
問いが生まれた以上、何らかの答えも話されているはずである。しかし、話し
合いが終わった後、「どんな問いがあったのか」「その問いに対する答えは何だ
ったのか」と聞かれて、答えられる人は少ないだろう。なぜなら話し言葉はそ
の場で生まれては消え、動画のように後戻りもできないという特徴があるから
である。書き言葉のように、文字として残ったり、何回も読み直したりするこ
とはできない。

　問いも、それに対する答えも、当然ながらこのような話し言葉の特徴をもつ。
だからこそ問うことを子どもに意識させるためには、見える化して具体的に認
識できるようにすることが大切である。しかし、問いだけを見えるようにする
だけでは不十分である。なぜなら問いとそれに対する答えがセットで初めて、
その問いがコミュニケーションに対して効果的であったかどうかを振り返るこ
とができるからである。問いと答えをセットにして子どもたちに認識できるよ
うにしなければいけない。

　左の写真はある授業での板書の一部である。この授業では、生活科で町探検

の学習を行っていた。1回目の町探検を終えて、その成果と課題を振り返っていた時間である。2回目の町探検に向けて、次はどんなことを大切にして町探検に行きたいかをテーマに、子どもたちと話し合っていた。

　その中で「町探検をしながらもっと町のことを知りたいから、普段行ったことのない道でもどんどん通っていきたい！」という意見が出された。すると、それを受けてある子が「でもそれで迷っちゃったらどうするの？お昼までには学校に帰らないとみんな心配しちゃうけど…」と質問を投げかけてくれた。そこで筆者はモクモクの吹き出しに「まよったらどうする？時間は？」と問いを書き出した。そうすると意見を言った子どもが「道に迷わないように、町探検に行くまでに道をしらべる時間もしっかりとります。」と今後の活動の見通しを答えてくれた。この子どもの計画性はぜひ他の子どもにも学んでほしいと思い、「道しらべの時間もしっかりとる！」と、問いから伸びる矢印とともに、答えを板書した。

　このように、問いとそれに対する答えを関連付けながら、子どもたちのやり取りを板書として記録しておくのである。こうすることで生み出された問い、それに対する答えが後からでも確認することができる。このような問いと答えの見える化を繰り返すことで、子どもたちは自分たちの問いを認識し、授業という一つの目的達成を目指した営みの中で行う、質問の意義を見いだしやすくなるのである。つまり目的達成のために、自分たちはどのような問いと答えのやり取りを繰り返してきたか、そしてその問いと答えは授業の目的達成にどう効果的だったかということを子どもたち自身が考えるということである。

　ちなみにこのような板書の仕方は、子どもたちのノート指導にもぜひ役立てたい。メモをとる学習は複数の学年で指導されるが、どのようにメモをとるのか、なぜそのようなメモをとるのか、ということについての議論をもう少し子どもたちと行った方がよいと筆者は考えている。「どんなときでも箇条書き」「どんなときでも記号化」「どんなときでも矢印で関連づけ」といったように、ノートを取るときに技術的な書き方に偏るのではなく、場面に応じて、なぜそのようなメモをとるのかについて、適宜、戦略的判断を働かせるような、子どもたちの音声言語の育ちを期待したい。そのためには子どもたちが目にする板書で、教師の戦略的判断を反映させた記録の仕方を模範的に示す必要がある。

NO 32 すぐれた問いを記録する

ねらい 問いの記録をもとに学びの成果をふりかえる

「常によい問い」というのは存在しないが、その学習場面で効果的だったり、印象的だったりする問いは存在する。そのような問いを日常的に記録し、子どもたちと共有することで、問うことへの認識を高めることができる。

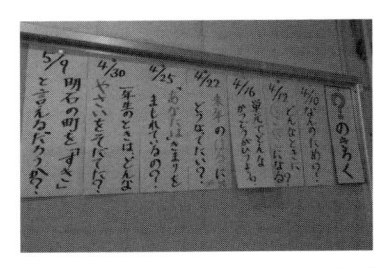

　年間を通して1000時間近くの授業を子どもたちは経験する。当然その中では様々なコミュニケーションがなされている。学級のみんなの考えが深まった時間。解決しがたい課題にぶつかった時間。ある一人の子どもの発言でみんなにひらめきがおとずれた時間。様々な価値ある時間を授業の中で経験しながら、子どもたちは次の学年へと進んでいく。しかしながら、一年を振り返ったときに子どもたちの心に残っている授業は約1000回のうちどれほどあるだろうか。確かに子どもたちは、毎時間毎時間心を込めて学習に取り組んでいるが、心に残る授業となるとまた別なのである。

　そこで日々の授業を経験していく中で、問いに意識を向け、子どもたちの思考を揺さぶった問い、学級のみんなが頭を抱えた問いなどを、年間を通して記録する活動を紹介したい。ここで記録される問いは、決して完璧な問いではないかもしれない。むしろ不完全で、答えも見いだせないような問いもあるだろう。しかし、確かに子どもたちの学習に一石を投じた問いである。このような問いを記録し、常に当時の学びの様子を思い出させるようにしたいと考えた。

　そこで左の写真のように、「？の記録」として授業での重要な問いを画用紙に書いて教室に掲示していく環境構成を紹介する。このように年間を通して問

いを記録していくことで生まれる学びは、大きく分けて3点考えられる。

　1点目は、自分たちを刺激してくれた問いを複数掲げていくことで、自分たちにとってのすぐれた問いの輪郭が徐々にはっきりしてくるということである。繰り返すが、「常に」よい問いは存在しない。コミュニケーションは常に流動的だからこそ、どんな場面でも効果を発する万能な問いなどありえないのである。だからこそ、自分たちの学習の文脈とセットで、自分たちに学びをもたらしてくれた問いを掲示し、認識していくことで、自分たちの学級文化や学習経験に根差した、自分たちだけのすぐれた問いを見いだすことができる。もちろん、その問いをモデルにして新たな問いを生み出すことにチャレンジすることも、同時に行なっていく必要がある。

　2点目は、自分たちの学びの成果を、問いという観点で見つめ直すことで、日々の学習経験がより鮮やかに記録されるということである。左のページで「一年を振り返ったときに子どもたちの心に残っている授業はどれほどあるだろうか」という、教師には頭が痛い問いを投げかけた。しかし、問いを軸にした記録を継続するためには、問いを大切にした授業をしないといけない。問いを大切にした授業をするには、子どもたちと問いの価値を確認していかなければならない。ここまでくると、問いはすでにその教室の学習の中枢である。問いを大切にした問題解決的な学びは、きっと子どもたちの記憶に強く残っていくだろう。

　3点目は、授業の中の問いを記録、掲示する活動を継続することで、日々授業の中で問いに着目する子どもたちの姿が表れてくる。「今日の問いは、自分が出したものを選んでほしいな」と、問うことへの意識を高める子どもがいるだろう。あるいは、「○○さんのさっきの問いはとってもよかったな。この時間の『？の記録』として選ばれるんじゃないかな」と、友達の発する問いを分析しようとする子どももいるだろう。お互いが生み出す問いに着目しようとする学習の雰囲気を創り出すことで、問うことへの意識をどんどん高めることができる。

　このように、日々の授業の問いを記録することはいいことずくめである。日々過ぎ去り、終わってゆく大切な授業に、問いという視点からの振り返りを加えてみてはいかがだろうか。

NO 33 問う姿を保護者に発信する

ねらい 保護者にも子どもの質問力を価値づけてもらう

子どもに問うことのよさを認識させるためには、教師以外からの価値づけも大切にしたい。そこで、保護者も問うことの教育に参入してもらう手立てを紹介する。

　子どもたちに問うことの学びを実現していくためには、教師を含めた周りからの価値づけが有効である。もちろん教師は常に子どもの問いに対するアンテナを高くしておく必要がある。学級での友達同士の雰囲気づくりも重要である。共に問い合う学級文化を構築することが欠かせない。それに加え、保護者にも問うことの教育に加わってもらいたい。そうすると、「教師、友達、保護者」という三方に支えられ、子どもたちは問う力を高めていくことができる。

　そこで保護者に問うことの指導を理解してもらうための手立てを3つ紹介する。それは学級通信と学級懇談会、授業参観である。

　学級通信を発行している読者も少なくないだろう。筆者が勤務している学校も、定期的に学年通信を発行し、保護者に子どもたちの学びを紹介している。そのような保護者への通信は、教師が大切にしている教育観を伝える絶好の機会である。その通信の中で、子どもたちの問う姿を発信することで、保護者に問うことの重要性を理解してもらうのである。例えば、次のような内容に関わる話題や子どもの情報を教師が集めておき、学級通信や学年通信で発信するのである。

●最近の学習で見られた子どもの問い
●子どもの問いがどのように生まれ、解決されていったのか
●授業の中で問いを交えて話し合う子どもの写真
●教師が子どもの問いを授業の中でどのように受け止めたのか
●教師がなぜ問うことが大切だと考えているのか
●子どもの問いに対する大人のかかわり方
●（可能であれば本書の紹介）　　　　　　　など

　2つ目の手立てである学級懇談会も同様である。上記のような話題を意図的に設定し、保護者に直接訴えかけることで、保護者の理解を得ていきたい。特に「子どもの問いに対する大人のかかわり方」に対する理解は重要で、教師がどれだけ学校で問うことの価値を子どもに伝えていても、最も身近な大人である保護者が問うことを否定してしまっては元も子もない。大人たちが一丸となって、子どもたちの問う力を大切に育てるという共通認識を生み出さなければならない。

　3つ目の手立ては授業参観である。授業参観は、教師と子どもの直接的な授業でのやり取りを、保護者に見てもらうことができる。ここで、授業で生み出される問いを教師が大切に扱う姿、問いを軸に学びが深まっていく様子を保護者に見せておくことが重要である。例えば次のような授業はどうだろうか。一つの詩を子どもに提示し、詩を読んで思いつく問いを解決しながら、詩に対する解釈を深めるような授業である。参観日なので、保護者参加型にしてもおもしろい。保護者にも付箋を渡して、同じ詩に対する問いを書き出すよう依頼する。保護者は問いを生み出すことがいかに大切で、難しいかを実感するだろう。それはそのまま問うことの教育の必要性を認識することでもある。子どもが生み出した問いを見て、保護者はその柔軟な発想に驚くかもしれない。あるいは保護者が生み出した本質的な問いに、子どもたちは大人の底力を見るかもしれない。いずれにしても、問いを軸にした大人と子ども双方の気づきを生み出す授業となるだろう。

　このように、保護者への発信は、子どもたちの問う力を高める上で大変効果的である。保護者に問うことの学びのサポーターになってもらうことが、問う力の向上に向けた近道である。

NO 34 日常生活での問いを見える化する

ねらい　日常の出来事を題材に質問力を育む

子どもたちの日常生活からは様々な問うべき課題が抽出できる。それらは生まれては消えてを繰り返す。そのような問いを、適宜記録することで、日常生活と問いを結び付けていく。

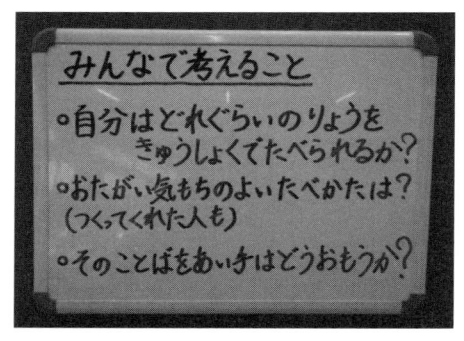

　子どもたちと教室で生活を共にしていると、様々な出来事がある。そしてその出来事一つひとつに、よりよい生活を創り出していくために必要な問いが埋め込まれている。例えば、休み時間にドッジボールをしていて、なかなかボールが回ってこない子どもが腹を立てて怒り出したという出来事があったとする。この手の出来事はどの学年を受け持っても筆者はよく出くわすのだが、皆さんはどうだろうか。この出来事の中にも様々な問いが隠れている。筆者は「みんなが楽しく遊ぶには何に気をつけたらよいか」「ボールを取った子が投げるのがなぜだめなのか」「公平とは」などと言う問いが思い浮かぶ。このような出来事に出くわしたときに、ぜひその出来事から問いを抽出し、問いとその解決を軸にした子どもたちとのやり取りを大切にしていただきたい。

　しかし、教師は常に忙しい生き物である。日々教室で起こる出来事の一つひとつに問いを立て、その解決を子どもと進めていたのでは、どんどん仕事は停滞していくだろう。そこで二つを意識しなければならない。

　まず出来事を見て、子どもの育ちにつながる問いが抽出できそうかそうでな

いかを、瞬時に判断することである。これは教師としてのセンスがものをいう。初任者にとってはなかなか難しい判断だが、経験を重ねる中でこのセンスを磨いていってほしい。繰り返すが、判断する経験が重要である。その判断がうまくいったかうまくいかなかったかは一度わきに置いて、とにかく子どもの出来事を捉えたら、そこから問いが抽出できそうかを判断する癖をつけて実践していってほしい。問いを抽出し、その解決に向けて子どもたちと話し合う中で、「この問いは子どもたちと時間をかけて向き合うほどの効果はなかったな」と反省することもあるだろう。しかし、教師の問う力を高めるためには、教師であってもそのような試行錯誤が重要なのだ。数えきれないほどの失敗と、いくつかの成功の果てに、子どもたちの生活から瞬時に価値ある問い（子どもの生活を豊かにするためのきっかけとなる問い）を見いだすセンスが養われていくと筆者は考えている。もちろん筆者もその修行の最中である。

　つぎにその抽出した問いをホワイトボードなどに書き出し、子どもたちの見えるところに掲げておくのである。こうすることで、教師が見つけたすき間時間に、子どもたちとその問いについて話し合うことができる。子どもにとっても、目に見えるところに自分たちの生活に関わる問いが常に掲げられているので、日ごろからその答えを自然と考えることになる。この見える化が重要である。筆者は、朝の時間がスムーズに進んで、1時間目の開始までに余裕があるときなどに、「このホワイトボードの〇〇のことなんだけど、みんなはどう思う？」と問いかけるようにしている。普段から目にしていることに加え、自分たちの生活から出発している問いなのですぐに子どもたちから反応が返ってくる。そうして一つずつ、子どもたちと納得のいく答えを見つけ、学校の中で実践していくことで、子どもたちの生活が少しずつ向上していくのである。

　例えば左の写真は、この原稿執筆時に筆者の教室で掲示されているホワイトボードである。「おたがい（つくってくれた人も）気もちのよいたべかたは？」という問いの答えとして、ある子どもは給食室に食器を返しに行ったときに「ごちそうさまでした！おいしかったです！特に大おかずのあじつけが！」と具体的な言葉をそえて、調理員さんに感謝を伝える工夫をしていた。その子どもなりに問いと向き合って出した1つの答えである。日々過ぎていく日常生活に問いをもつことで、よりよい学校生活を探究することができるのである。

NO 35　ノート指導に問うことを位置づける

ねらい　問いを軸に豊かな情報収集をできるようにする

子どもたちにとってノートを書くということは、最も頻繁に取り組む学習活動であろう。そこでノート指導に問いを位置づけることで、普段から問うことを意識させたい。

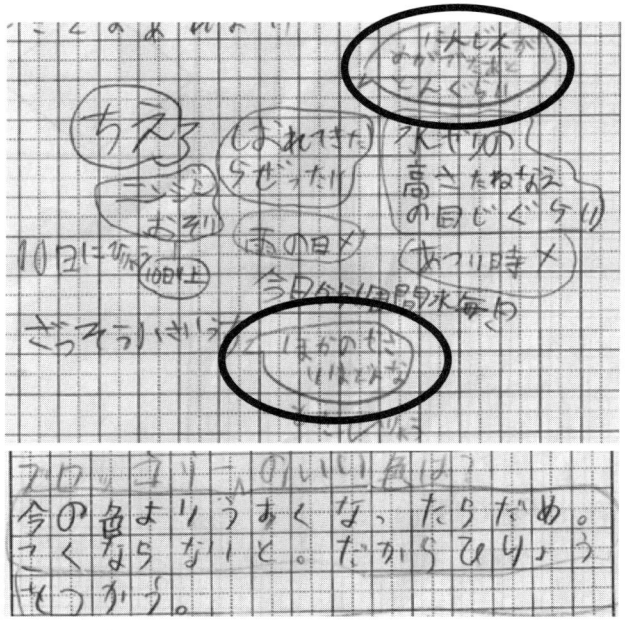

　ノート指導にも問うことを位置づける。子どもたちには、ノートを取るときには黒赤青の３色を使うように指導する。黒は基本的な色であり、赤は重要な色である。そして青色は、友達の発言を聞いて思ったことや、ふとした疑問をノートに書き込むときに使用する。青色を取り入れることで、常に友達とのやり取りを通した自己内対話を促すようにするのである。高学年になると、たくさんの色ペンを使って、カラフルなノートを作ろうとする子どもが出てくる。一見、一生懸命学習に向き合っているようにみえるが、色選びに思考が引っ張

られている場合も少なくない。ノートを書くときの色遣いの原則を示しておくことで、そのように学習内容への集中がそれることを防ぐこともできる。

　写真は2年生の子どものノートである。このときは、生活の野菜づくりのために農家の方のお話を聞いて、メモをとる活動を行っていた。

　上の写真の丸を付けた箇所に注目すると、「(芽が出るまでは水をたくさんあげなければいけないと言っていたが) にんじんがめがでたあとはどんぐらい (水をやるのか)」「(ブロッコリーの苗に追肥するタイミングは教えてもらったが) ほかのやさいはどんなときにひりょうをやるのか」といった学習者の問いが青字で見いだせる。

　また下の写真では、畑の野菜の葉の色で野菜の生育状態が確認できるといった趣旨の農家の方のお話を受け、「(ブロッコリーに栄養が足りていると判断できる) ブロッコリーのいい色は?」という問いを見いだしたうえで、「今の (苗の) 色よりうすくなったらだめ。こくならないと。だからひりょうをつかう。」といった、実際の問いに対する回答も併せて記録していることがわかる。子どもたちは、低学年であってもこのようにうまく青字を使いながら学習の中で生まれる問いをノートに位置づけることができる。

　この指導で実感するのは、教師がノートに対する指導や評価を行うときに、一目で問いを見つけられるよさである。そうすることで、日常的に子どもたちのノートを見るときの視点を固定することができ、素早く具体的な指導や評価が可能となる。具体的には、子どものノートを回収し、そのノートの中にある青字の部分に注目する。青字で書かれている内容は、その子どもがどのように学習に向き合ったのかを示しているので「この子は○○さんの発言に対してこんなふうに考えたんだな」「この子は今取り組んでいる課題についてこんな課題を感じているんだな」ということを、即座に把握できるのである。子どもたちの主体的に学習に取り組む態度の評価材料としても活用することができる点である。

NO 36 学習中の発言ルールに 問いを位置づける

ねらい 話し合いの中でスムーズに質問できるようにさせる

授業中に質問をしやすくするために、子どもたちと発言ルールを整えておくことが重要である。スムーズな意見交流、考えを練り上げていく意見交流が実現できるはずである。

　皆さんの教室では、授業中の発言ルールを定めているだろうか。グー、チョキ、パーのハンドサインで、発言者の意思表示の仕方を決めている教師も少なくないはずである。意思表示のハンドサインを決めておくことで、挙手をしている子どもが先に出された意見に対してどのような立場をとっているのか一目瞭然となる。そうすることで、意見交流をする際に立体的な議論を進めることが可能となる。立体的な議論とは、意見の広がりや深まりが構造化されている状態を指す。ただ単に意見が口々に述べられるような「出し合い話」は、立体的な議論とは言い難い。職員会議でも、行事提案に対する意見を各教師が口々に言いだせば収拾がつかないだろう。拡散的に話し合った後は、収束的に話し合わなければ議論が散逸となるのである。この拡散的、収束的なやり取りのきっかけを、ハンドサインを通して教師も子どももつかむことができる。

　筆者は年度当初に授業中の子どもとのやり取りを通して、例えば「意見を表明したいときはパー」「友達の意見に追加で話したいときはチョキ」「そして友達の意見に対して質問をしたいときはグー」と設定するようにしている。もちろん前の学年での取り決めが子どもによくなじんでいると思った場合は、無理に変えることはしない。最低限として、質問したいときのハンドサインだけを

　共有するにとどめる。理想を言えば、教師主導でハンドサインを決めるのではなく、数時間分の授業のあとに、子どもたち自身が効率的な話し合いのために意思表示が必要であることに気づけるとなおよい。

　そしてこの意思表示には優先順位をもたせる。何よりもまず質問したい子どもに発言権を与えるのである。その次に友達の意見への追加である。そうすることで、安心してクラスの友達に問いを投げることが可能となる。写真は、実際に子どもが問いを投げかけている様子である。友達の発言が終わったタイミングで、発言者が「私の意見はどうですか？」というふうに、聞き手の受け止めをたずねる。そこで子どもたちはチョキやグーのハンドサインで、すでに出た意見に対して自分の考えを付け足したり、不明な点や確認したい点、言い足りていないと思える点を質問で聞き出したりするのである。

　このハンドサインがなければ、付け足しや質問をする間もなく、どんどん新しい意見が話し合いの場に出され、坂道を転がる雪だるまのように内容がふくらんでしまう。しかもあまりに早いスピードで話題が変わるので、話し手や聞き手である子どもたち自身も理解できていないのである。こうなるとせっかく進めた話し合いが不十分な結果となってしまう。そうならないために、ハンドサインを活用しながら、話し合いを立体的に構築していくことが重要である。

NO 37 問いの視点を学習の振り返りに位置づける

ねらい 問う力の自己評価をうながす

授業の振り返りは、今や多くの教室で意識されている。この振り返りに、問うことの視点を設定することで、授業で問う力をどれだけ発揮できたか自己評価できる。

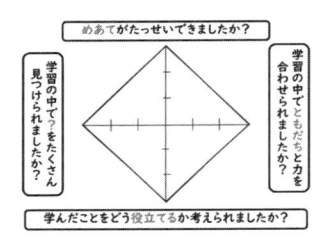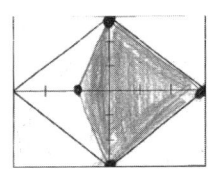

　授業の中で「ふりかえり」の時間を大切にしようとする流れがここ10年ほど特に盛んである。振り返りの質を上げることで、子どもたちはその授業の学びを自覚できるとともに、他の学習でも学んだことを生かせるようになる。次の学習への橋渡しとなる情報も、子どもたちの振り返りの中から発掘できることもあるだろう。それほど振り返りの活動は、子どもも教師も重要なのである。

　筆者は毎回の振り返りの時間に、上図左のようなひし形を提示し、子どもたちにその時間の学びを簡単に自己評価するように求めている。筆者はこの図を用いた振り返りを、「ダイヤモンド・フィードバック（DF）」と呼んでいる。子どもたちはこの図に示された観点に沿って、その時間の学びを振り返るとともになぜその自己評価を行ったのかという理由を詳しく書くことに取り組んでいる。中でも「学習の中で？をたくさん見つけられましたか？」という観点は、その時間にどれだけ問うことに取り組めたかにせまるために設定している。

　ある子どもの実際のダイヤモンド・フィードバックも示す（上図右）。この子どもは授業での自分の学習を振り返って、問うことに対する自己評価を3段階中1と評価している。このように、ダイヤモンド・フィードバックの図を用いることで、子どもたちは自分の問う力の状況を日常的に意識することができ

るとともに、その様子を教師が見取りやすくなるのである。併せて子どもたちには、なぜその自己評価になったのかということも記述で振り返るように求めている。ある子は振り返りの中で、「？を思い浮かべることはできたけど相手に質問することはできなかった」と文章を書いていた。疑問をもつことと、質問することとの間に大きな隔たりがあったことがこの子どもの記述からわかる。またある子は「○○さんの『・・・・』という質問がとってもいいなと思ったので私もまねしたいと思いました」と書いていた。クラスの友達の問いをモデルとしながら、自らの質問力が刺激されていることがわかる。

　この支援を始めた最初のうちは、子どもたちの「学習の中で？をたくさん見つけられましたか？」の項目は、他の項目に比べて点数が低くなってしまうことに子どもも教師も気づく。それはつまり、問うという行為はかなり意識的に行う必要があるということを示している。まずその事実に子どもも教師も気づくことが重要だ。そのうえでこの項目の評価を変容させるために、話し手の子どもたちに「発表する時に語尾に『か』『よね』をつけること」を指導する。『ごんぎつね』の学習を例にすると「ごんってひとりぼっちじゃないですか？」「ごんは自分のせいで兵十のおっかぁが死んだと思ってますよね？」と発言するようにさせるのである。話し手がそのように発言することで、「どこにごんがひとりぼっちって書いてあったかな？」「本当にごんはそう思っているのかな？」と、聞き手の自然な反応として問いを生み出しやすくなる。その結果、学習の中で問いをたくさん見つけることにつながるのである。

　この支援のように数値や文章で振り返る欄を設けることで、自らの質問力を把握する機会となるのである。しかし、この支援で最も重要なことは、振り返りの観点として「問うことができたのか」を明確に示すことで、授業において積極的に質問をすることはよいことだという認識を毎時間子どもたちに与えることができるという点である。質問することに躊躇してしまう今の子どもたちにとって、「先生もあなたが積極的に問うことを求めていますよ」というメッセージを送ることができるのだ。問うことに対する子どもの心理的ハードルを下げることができる。

授業中に生まれた問いを整理してまとめる

ねらい 自分たちだけの問いの体系化を行う

授業をあらためて振り返ると、実に多くの問いが見つかる。そのような問いの中から、質問力を高める価値ある問いを抽出し、学級で共有する取組を紹介する。

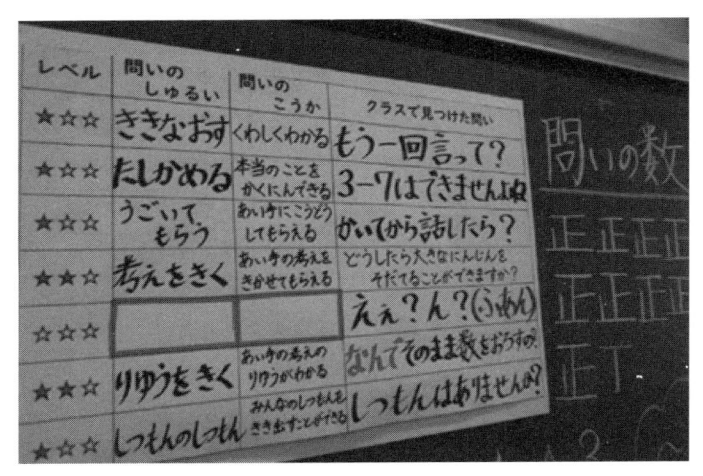

　第1章で紹介した質問分類表があれば、教師は子どもたちの問いを分類し、指導したり評価したりすることができる。では子どもたちに、問いの分類を求めることは可能だろうか。自分たちがどのような問いを使えているのかについて、子どもたち自身が知っておくことは、問うことの学びを充実させるうえで重要である。「ちょっと理由がわからないから質問してみよう」「話が広がったので一度共通点を整理しよう」と意図をもって問いかけができるからである。

　そこで写真のように、授業の中で子どもが発した問いを価値づけながら、一覧として書き出して掲示する支援を紹介したい。子どもたちはこの一覧があることで「あの子の質問はいいなぁ」「さっきの問いは今まで聞いたことがなかった質問だったな」と問いに対する感覚を鋭くすることができ、問いの質の向上を目指せる。問いの一覧は、「レベル」「問いの種類」「問いの効果」「クラス

で見つけた問い」で構成されており、子どもたちが実際にクラスで生み出された問いに対して分析的に向き合えるようになることを目指している。「問いの種類」や「問いの効果」を理解していれば、流動的に変化するコミュニケーションの局面に合わせて、最適な問いを選択する力（戦略的判断力）の発揮にもつながる。

　例えば、「相手の主張の理由がわからないぞ」と感じたら、「りゆうをきく」という質問を即座に選択することができる。「相手の話があまり理解できなかったな」と感じたら「ききなおす」という質問を行うことができる。その場の状況を無意識に感じ取って感覚的に質問が生まれるということも考えられるが、その逆の展開としてやりとりの場についての理論的な分析が先に生まれ、そこから質問が選び出されるということもあり得るだろう。感覚が先か、理論が先か、といった議論ではなく、感覚を入り口にするときもあれば、理論を入り口にするというときも問うという行為はあるという認識が重要であろう。入口は違っても問いをもつという出口は同じなのである。感覚と理論をバランスよく統合しながら、子どもたちの問う力を育んでいきたい。

　問いを整理する手順としては、まず表の作成を行う。そのうえで子どもたちとの日々の授業の中で、教師が光を当てたい問いが見られたら、「今の〇〇さんの『もう一回言って？』って質問は、聞き直す質問だね」「この質問をするとどういう効果があるのかな？」と子どもたちと確認をしながら、表に書き込むようにする。レベル分けについては子どもたちの感覚を優先してよい。普段からよく使えているなら一つ星とし、めったに使わないけど効果的でぜひとも使いたい問いなら三ツ星である。子どもたちの感覚を優先してよいのだが、子どもたちにとってはレベルを考えるという活動自体が、問うという行為をメタ認知することにつながる。子どもたちとじっくり問いに向き合う時間としたい。

　なお、問いの整理からは話がそれるが、写真右に書かれている「問いの数」は、その授業の中で子どもたちが発した問いをカウントしたものである。定期的に授業の中で問いをカウントすることで問いの量を増やすことを意図している。子どもたちは自分たちが質問することで、正の字がどんどん増えていくことをうれしく思い、進んで質問しようとするようになる。楽しみながら問いを生み出せる環境構成として、簡易ではあるもののとても効果的である。

NO 39 子どもの問いとの向き合い方を応援する

ねらい 問うことに関する課題をねばり強く解消する

問う力を高めるための継続的な指導が、思うようにいかない時もある。子どもを取り巻く環境の一つとして、教師はどのような心持ちで指導に当たるべきだろうか。

　問うことは、私たちが日常的に行なっていることである。日々のコミュニケーションを振り返ってみると、私たちは自然に相手に問いかけている。しかしそれを指導という文脈で扱えば、教師は様々な壁を感じることとなる。筆者は長年問うことの指導を重ねてきたが、次のような課題を実際に感じることが多い。

- ・問いの答えについての子ども同士のやり取りに時間がかかる
- ・友達からの質問をされた子どもが委縮してしまう
- ・学習のための子ども同士の質問がいつのまにか追及口調になってしまう
- ・質問できる子と質問できない子の差がどんどん開いてしまう

　あるいは、問うことを指導しようとしている教師は、上記のような課題に加え、次のような心配事を感じるのではないだろうか。

- ・予定通りに授業が進まなかったらどうしよう
- ・教師が答えにくい質問をされてこたえられなかったらどうしよう
- ・問いを考えさせることに時間がとられすぎてしまったらどうしよう
- ・質問することでクラスの雰囲気が悪くなったらどうしよう

　これらの課題は確かに筆者も感じるところであり、まだ問うことの指導に取り組んでいない教師の心配事も、うなずけるものである。ただし、これの課題や心配事が生まれる背景には、一つの共通点がある。それは「大人の都合を優先しようとした結果生じている」ということである。例えば、実際に生じている課題として「学習のための子ども同士の質問がいつのまにか追及口調になってしまう」を挙げたが、追及口調になったとしたなら、どうすればそのように相手に感じさせないかを子どもたちにじっくり考えさせればよい。そうすれば子どもたちは本質に迫る問いを、相手に伝わりやすいように投げかけることができるようになるだろう。追及口調がトラブルを招くことを必要以上に恐れているのは、子どもではなく教師ではないか。これから問うことの指導を始める教師にとって考えられる心配事として「予定通りに授業が進まなかったらどうしよう」を挙げたが、予定通りに授業が進まなくて困るのは教師ではないか。教師の予定を優先するのか、子どもの疑問感とその解消を優先するのか。学びの主役であるはずの子どもにとっては、そもそも予定通りに授業を進めたいと思う気持ちなどそれほどないと思われる。

　つまり筆者が言いたいのは、教師の心持ち次第で問うこと指導を行ううえでの課題や心配事は解消される可能性が高いということである。大人としての都合を優先するのか、これからの社会に必要な問う力の育成を優先するのか、答えは明らかだろう。

　筆者の教室では今特に算数の時間で「あえて質問」「わざと質問」（この名前は子どもがつけた）という質問スタイルが流行している。自分としては答えがわかっているけど、あえて、わざと相手に質問するのである。そうすることでよりみんなが内容を確認できるとともに、相手の具体的な説明も引き出せると子どもは考えているようである。しかし、このやり取りはとにかく時間がかかる。けれども筆者は、時間がかかってしまう質問もあるということを、子どもが学び取るには絶好の機会だと考えている。だからこそ的確に質問したり、質問されたことに正対して答えようとしたりする意識も芽生える。多少の回り道はあれど、子どもたちが問う力を高めるために、教師は一番の応援団でありたい。

N O 40 問う姿を教師自らが示す

ねらい 教師の問う姿こそ最大の言語環境とする

よき問い手のモデルとして、教師が子どもたちに質問の手本を示したい。どのような場面で子どもたちに手本を示すことができるだろうか。

　学習の一環で、外部講師の話を聞く機会を思い浮かべてほしい。講演会などでも、登壇者の話の後に質疑応答の時間がとられるだろう。読者の教室では、この質疑応答の時間に子どもたちは質問をするだろうか。あるいは静まり返ってしまって、講師に気を遣う時間が流れてはいないだろうか。

　筆者はそんなとき、まずは教師である自分自身が進んで質問をしようと考え実行している。一人の人間として気になるところは、素直に質問をしようと思うのだ。例えば「○○のお話がありました。とてもおもしろいと思ったのですが、…のところがうまく理解できませんでした。すいませんがもう一度説明してくださいませんか？」と理解できなかったことを正直に告白し、再度説明を求める。教師だってわからないことはある。そういうときは素直に質問すればいいんだ。こういうメッセージをこの質問を通して子どもに伝えたい。わからないことは決して恥ずかしいことではないということを、教師が率先して示せる。

　あるいは「…については、わたしは□□だとも考えられるのですが、それについてはどう思われますか？」と、質問を通して自分の意見に対する受け止めを聞いてもよい。そうすれば相手の話を聞く際、理解することを越えた能動的な働きかけの重要性を子どもに伝えられる。そこから外部講師と質問者との間

で活発な意見交換が生まれれば、質問を通したコミュニケーションの広がりや深まりが生まれる。普段は子ども同士のコミュニケーションにスポットライトが当たる授業も、教師と外部講師という大人同士の真剣なコミュニケーションが行き交う場となり、それを教材として子どもの問いの学びが展開される。

外部講師の話が終わった後に「講師の方に質問がある人はいませんか？…。いませんね。もし質問があれば感想を書く紙に書いて下さいね。」という子どもへの指示は、少しもったいない気がしてしまう。発表者に感想や質問を伝えることは礼儀の一つであることを、ぜひ子どもに教えたい。もし子どもが質問すら思いつかないような難しい話であれば、教師が率先してわからないことを聞く姿を示そう。だから、外部講師の話が終わった後というのは、子どもに問う力を高めたいと思っている教師にとっては、一番の勝負どころである。

このように教師が質問のモデルとなることは、普段の子ども同士の交流でも実現できる。誰かが意見を言った後に、その意見に対する反応の一つとして質問をすることを指導したうえで、必要に応じて教師が的確な質問をして見せる。発言者が言い足りていない点、聞き手の理解が不十分な点、これからの論点となりうる点などを、質問することを通して、あぶりだすのである。そういう聞き方が重要なのだというメッセージを子どもに送るのである。

ちなみに教師が問い手のモデルとなるという考え方は古くから大切にされている。例えば筆者が勤務している神戸大学附属小学校の偉大な先人である及川平治は、『分団式動的教育法』(1912) において、学習法の訓練で重視すべきこととして「問題系列の作成」を挙げている。これは児童による自問自答の追究を求めるものである。及川は「もし教師が児童に向かって、尊王論を研究せよと命ずれば、児童は、尊王論とは何のことだ、だれが唱えたか、なぜに尊王論が起こったか、徳川幕府はこれに対してどうしたかと、自問自答して研究するようでなければならぬ。」とし、教師が見本となって価値のある問いを子どもがもてるように指導する必然性を語っている。100年以上前の日本ですでに問う力の育成が叫ばれていたのである。先達の実践から学ぶべきことはやはり多い。

おわりに

筆者の勤務校、神戸大学附属小学校の偉大な先達の中でも、とりわけ有名なのが及川平治である。彼は1912年に『分団式動的教育法』を著し、「大正新教育のメッカ」と呼ばれるほど、当時の注目を集めた。彼の著書に次のような一文がある。

> もし教師が児童に向かって、尊王論を研究せよと命ずれば、児童は、尊王論とは何のことだ、だれが唱えたか、なぜに尊王論が起こったか、徳川幕府はこれに対してどうしたかと、自問自答して研究するようでなければならぬ。（中略）現行教育は児童が進んで研究するように導かないから、題目を与えて手を下すことを知らず、まるで研究ができない。わが学校の某訓導（今の教師のこと）が某小学校にいたり、理科の実地教育をしたことがある。まず鮒という題を与え、実物を各児童に渡して研究させた。その時、児童は問題の提示終わるや、すぐ解決した。解決があまり早いのに驚いて机間を巡視したところが、衆童ことごとく頭には目あり、口あり、鰓あり、胴あり、尾ありと書いたという話がある。そういう研究ならば問題を与えぬ前より解決しているはずである。日本全国にはこの学校に類するところはないだろうか。
>
> 『分団式動的教育法』（及川、1912、pp.281-282）

ここで述べられている「研究」は、必ずしもコミュニケーションにおける問う行為だけを指し示しているわけではない。対話という他者への探究に加え、調べ学習といった対象への探究を駆動する問いも含まれていると考えるのが妥当だろう。しかしながら100年以上前から、いかに問うかということを重要なトピックとして及川が扱っていたことは紛れもない事実である。100年以上という時間こそかかってしまったが、身の丈を顧みず、勇気をもち、本書を及川への私なりの現時点での返答としたい。

とはいえ、いかに問うかということについては、今後も変わらず教育に関す

る重要なテーマであり続けるだろう。筆者によるここまでの問うことの研究成果は、本書にてひとつのまとまりとして整理することができたが、今後も継続して研究を試みていきたいと考えている。

　最後に、本書の執筆に関わってくださった皆様にあらためて感謝を伝えたい。
　まずは筆者と学校生活を共にし、日々様々な驚きや喜びをもたらしてくれる子どもたち。体力の低下から休み時間の鬼ごっこを頑なに拒む筆者にも、温かい思いやりで代わりのサッカーを打診してくれるみなさんと、共に紡ぎ上げた実践の成果が本書である。みなさんとの出会いのおかげで本書を世に出すことができた。
　つぎに東洋館出版の西田亜希子様。本のタイトルから、細かな表記にいたるまで、様々な点に貴重なコメントをいただいた。いただいたコメントをもとに、あらためて本書の内容を再構成することもできた。それは筆者の研究に対する貴重な情報でもあった。本書を執筆する過程で、自身がこれまで積み重ねてきた、問うことの研究をあらためて見つめ直すことができたことは大きな収穫であった。
　最後に博報堂教育財団の皆様。本書は博報堂教育財団の助成を受けて出版を行なっている。貴財団の「ことばの力を、子どもたちの生きる力へ。」というスローガンは、子どもたちの人生を切り拓く問う力を、子どもたちに豊かに育んでいきたいという筆者の思いと深く重なるものであった。筆者の研究を長年サポートしていただいた、博報堂教育財団への感謝の意をここに示したい。

　これからも筆者の問うことに関する研究は続いていく。本書を読まれた方が私と同じように、問うことを探究する旅路の一歩を踏み出されたのならば、筆者にとってこの上ない喜びであり、頼もしい仲間を見つけた思いである。問うことの研究における更なる進展を目指すためにも、どうか忌憚ないご意見をお聞かせいただきたい。

2025年3月　2歳の娘の思わぬ問いに目を細めつつ

友永　達也

引用・参考文献

Abrami, P. C., Bernard, R. M., Borokhovski, E, Wade, A., Surkes, M. A., Tamim, R., &Zhang, D.（2008） Instructional interventions affecting critical thinking skills and dispositions: A stage 1 meta-analysis. *Review of Educational Research, Vol. 78,* pp.1102-1134.

荒木寿友（2017）『ゼロから学べる道徳科授業づくり』明治図書出版

荒木紀幸（2016）『考える道徳を創る　小学校　新モラルジレンマ教材と授業展開』明治図書出版

ウォーレン・バーガー（2016）『Q思考 シンプルな問いで本質をつかむ思考法』ダイヤモンド社

Ennis, R. H.（1989）Critical thinking and subject specificity: *Clarification and needed research. Educational Researcher,* Vol. 18（３）, pp.4-10.

古田拡（1963）『授業における問答の探究』明治図書出版

平山るみ（2021）「批判的思考 情報を適切に読み解き活用する思考力」小塩真司編『非認知能力 概念・測定と教育の可能性』、北大路書房pp.83-99

生田淳一・丸野俊一（2000）「なぜ小学生が授業中に質問をしないのか？」『日本教育心理学会第42回総会論文集』p.390

生田淳一・丸野俊一（2005）「教室での学習者の質問生成に関する研究の展望」『九州大学心理学研究』６、pp.37-48

生田淳一（2021）「環境が授業における学習者の質問を引き出す」小山義徳・道田泰司編『「問う力」を育てる理論と実践』ひつじ書房、pp.41-58

国立教育政策研究所（2024）『令和６年度全国学力・学習状況調査報告書 中学校 国語 速報版』文部科学省 国立教育政策研究所

国立青少年教育振興機構（2017）『高校生の勉強と生活に関する意識調査報告書』青少年教育研究センター

楠見孝（2016）「市民のための批判的思考力と市民リテラシーの育成」楠見孝・道田泰司編『批判的思考と市民リテラシー　教育、メディア、社会を変える21世紀型スキル』誠信書房

増田信一（1994）『音声言語教育実践史研究』学芸図書

道田泰司（2011）「授業においてさまざまな質問経験をすることが質問態度と質問力に及ぼす効果」『教育心理学研究』59、pp.193-205

道田泰司（2016）「批判的思考力としての質問力育成」楠見孝・道田泰司編『批判的思考と市民リテラシー 教育、メディア、社会を変える21世紀スキル』誠信書房

文部科学省（2017）『平成29年告示 小学校学習指導要領解説国語編』東洋館出版社

文部科学省（2017）『平成29年告示 中学校学習指導要領解説国語編』東洋館出版社

文部科学省（2018）『平成29年告示幼稚園教育要領解説』フレーベル館

村松賢一（2001）『対話能力を育む 話すこと・聞くことの学習―理論と実践―』明治図書出版

村松賢一・波多江誠・福島崇宏編（2011）『子どもたちの対話が激変する「質問力」アップワーク』明治図書出版

無藤隆・久保ゆかり・大嶋百合子（1980）「学生はなぜ質問をしないのか？」『心理学評論』23、pp.71-88

野地潤家（1974）『話しことば学習論』共文社

野地潤家（1980）『話しことば教育史研究』共文社

及川平治（1912）『分団式動的教育法』弘学館書店（中野光編『世界教育学選集69』）明治図書出版

三宮真智子（2018）『メタ認知で〈学ぶ力〉を高める　認知心理学が解き明かす効果的学習法』北大路書房

Santoso, T., Yuanita, L., and Erman, E. (2017) The role of student's critical asking question in developing student's critical thinking skills, *IOP Conference. Series: Journal of Physics*, Vol. 953, pp.1-6.

Scheffler, I. (1965). *Conditions of Knowledge: An introduction to epistemology and education.* Glenview, Illinois: Scott, Foresman.

高垣マユミ（2013）「ピアを介した概念変化のプロセス」中谷素之・伊藤崇達編『ピア・ラーニング学び合いの心理学』金子書房

中谷素之・伊藤崇達編『ピア・ラーニング 学び合いの心理学』金子書房

高橋俊三（1993）『対話能力を磨く―話しことばの授業改革―』明治図書出版

高橋俊三（1994）『聞くことの指導』明治図書出版

高橋俊三編（1999）『音声言語指導大事典』明治図書出版

友永達也（2020）『１回10分! トークタイムできく力を育てるストラテジック・リスニング』明治図書出版

友永達也（2022）「幼小接続期から小学校卒業段階までにおける『質問力』の実態―『質問力育成カリキュラム』の開発を目指して―」『日本教育心理学会第64回総会発表論文集』p.190

友永達也（2024）「日本の音声言語教育における『問うこと』実践理論の展開：大正から昭和までを対象に」神戸大学大学院人間発達環境学研究科編『教育科学論集』27、pp.15-23

友永達也（2024）「日本の音声言語教育における『問うこと』実践理論の展開：平成から令和を対象に」神戸大学大学院人間発達環境学研究科編『教育科学論集』27、pp.25-33

著者紹介

友永 達也 <small>（ともなが・たつや）</small>

神戸大学附属小学校・教諭

専門科目は国語科。特に話すこと・聞くことの指導に関心があり、現在、学習者が問う力を高めるカリキュラムの開発や、メタ認知に基づく判断を活かしたコミュニケーション教育、小学生を対象とした聞き書きプロジェクト等に取り組んでいる。また、国語科を中心として、問題解決的な単元デザインやそれを支えるノート指導にも日々取り組む。

全国大学国語教育学会、日本国語教育学会、日本教育方法学会、国語教育実践理論研究会（KZR）に所属するとともに、尼崎市の国語科授業サークルのアドバイザーを務めるなど複数の国語科研究会の運営にも携わる。

単著執筆として『1回10分！トークタイムできく力を育てる ストラテジック・リスニング』（明治図書・2020年）が、分担執筆として『対話的に学び「きく」力が育つ国語の授業』（明治図書・2018年）、『「感性的思考」と「論理的思考」を生かした「ことばを磨き考え合う」授業づくり』（明治図書・2020年）がある。

カスタマーレビュー募集
本書をお読みになった感想を
下記サイトにお寄せください。
レビューいただいた方には特典がございます。

https://www.toyokan.co.jp/products/5730

LINE 公式アカウント

LINE登録すると最新刊のご連絡を、さらに
サイトと連携されるとお得な情報を定期的に
ご案内しています。

対話を深め・問う力が育つ

質問力アクティビティ40

2025（令和7）年3月31日　初版第1刷発行

著　者：友永達也

発行者：錦織　圭之介

発行所：株式会社 東洋館出版社

　　　　〒101-0054　東京都千代田区神田錦町2-9-1

　　　　　　　　　　コンフォール安田ビル2階

　　　　代　表 TEL：03-6778-4343　fax：03-5281-8091

　　　　営業部 TEL：03-6778-7278　fax：03-5281-8092

　　　　振　替 00180-7-96823

　　　　URL：https://www.toyokan.co.jp

イラスト：パント大吉

組版：株式会社明昌堂

印刷・製本：株式会社シナノ

ISBN978-4-491-05730-9　　　　　　　　　Printed in Japan